HITS COLLECTION

SIX chord songbook

Wise Publications
part of The Music Sales Group
London/New York/Sydney/Paris/Copenhagen/Berlin/Madrid/Tokyo

The *Six Chord Songbook* allows even the beginner guitarist to play and enjoy the best rock songs from the past five decades. With the same 6 chords used throughout the book, you'll soon master playing your favourite hits.

The *Six Chord Songbook* doesn't use music notation. Throughout the book chord boxes are printed at the head of each song; the chord changes are shown above the lyrics. It's left up to you, the guitarist, to decide on a strum rhythm or picking pattern.

You might find the pitch of the vocal line is not always comfortable because it is pitched too high or two low. In that case, you can change the key without learning a new set of chords; simply place a capo behind a suitable fret.

Whatever you do, this *Six Chord Songbook* guarantees hours of enjoyment for guitarists of all levels, as well as providing a fine basis for building a strong repertoire.

Published by:

Wise Publications,
8/9 Frith Street, London, W1D 3JB, England.

Exclusive Distributors:

Music Sales Limited,
Distribution Centre, Newmarket Road,
Bury St Edmunds, Suffolk, IP33 3YB, England.

Music Sales Pty Limited,
120 Rothschild Avenue, Rosebery, NSW 2018, Australia.

Order No. AM91106
ISBN 0-7119-3437-1
This book © Copyright 2004 by Wise Publications.

Compiled by Lucy Holliday.
Arranged by James Dean.
Music processed by Paul Ewers Music Design.
Photographs courtesy of London Features International.

www.musicsales.com

All Along The Watchtower

Words & Music by
Bob Dylan

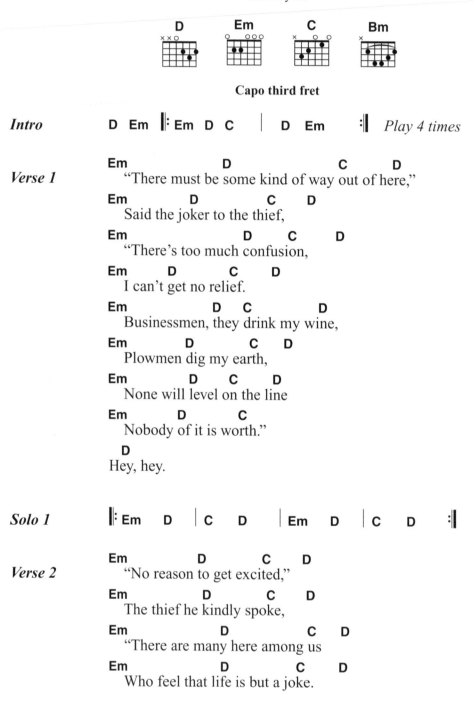

Capo third fret

Intro D Em ‖: Em D C | D Em :‖ *Play 4 times*

Verse 1

Em   D   C   D
"There must be some kind of way out of here,"

Em   D   C   D
Said the joker to the thief,

Em   D   C   D
"There's too much confusion,

Em   D   C   D
I can't get no relief.

Em   D   C   D
Businessmen, they drink my wine,

Em   D   C   D
Plowmen dig my earth,

Em   D   C   D
None will level on the line

Em   D   C
Nobody of it is worth."

D
Hey, hey.

Solo 1 ‖: Em D | C D | Em D | C D :‖

Verse 2

Em   D   C   D
"No reason to get excited,"

Em   D   C   D
The thief he kindly spoke,

Em   D   C   D
"There are many here among us

Em   D   C   D
Who feel that life is but a joke.

cont.

Em   D   C   D
  But you and I, we've been through that

Em   D   C D
  And this is not our fate,

Em   D   C   D
  So let us not talk falsely now,

Em   D   C
  The hour's getting late."

D
Hey.

Solo 2 ‖: Em D | C D | Em D | C   D :‖ *Play 8 times*

Em D   C   D
Verse 3 All along the watchtower

Em   D   C   D
  Princes kept the view

Em   D   C   D
  While all the women came and went,

Em   D   C D
  Barefoot servants, too. But, huh,

Em   D   C   D
Outside in the cold distance

Em   D   C D
  A wild cat did growl,

Em   D   C   D
  Two riders were approachin',

      Em D   C
And the wind began to howl.

D
Hey.

Outro ‖: Em D | C D | Em D | C D :‖

      ‖: Em Bm | C Bm | Em Bm | C Bm :‖ *Repeat to fade*
                                         with vocal ad libs.

Big Sur

Words by Conor Deasy
Music by Conor Deasy, Kevin Horan, Pádraic McMahon, Daniel Ryan & Ben Carrigan
Contains elements from "Theme From The Monkees" -
Words & Music by Tommy Boyce & Bobby Hart

Am	G	Bm	C	Em	D

Intro | Am | G | Am | Bm ‖

Verse 1

C   Em
So much for the city
Am
Tell me that you'll dance to the end,
    C   D Em
Just tell me that you'll dance to the end.
    C   Em
Hey, hey you're the Monkees,
        Am
The people said you monkeyed around,
    C   D Em
But nobody's listening now.

Chorus 1

G   C   Am   D
Just don't go back to Big Sur,
Am   C
Hangin' a - round,
Am   C
Lettin' your old man down
G   C   Am
Just don't go back to Big Sur,
D   C
Baby, baby, please don't go.
    D   G Bm
Oh, baby, baby, please don't go.

Verse 2

     C   **Em**
So much for the street lights,

           Am
They're never gonna guide you home,

      C   **D Em**
No, they're never gonna guide you home.

     C   **Em**
Down at the steamboat show, yeah,

Am
All the kids start spitting

               C   **D Bm**
I guess I didn't live up to the billing.

     G   **C**   **Am**   **D**

Chorus 2   Just don't go back to Big Sur,

Bm   **C**
    Hangin' a - round,

Bm   **C**
    Lettin' your old man down

G   **C**   **Am**
    Just don't go back to Big Sur,

D   **C**
Baby, baby, please don't go.

     D   **G**   **Bm**
Oh, baby, baby, please don't go.

Instrumental | Am | G | Am | G   Bm ‖

                | C | Em | Em | Em |

                | C | C D | Em | Em   ‖

Chorus 3   As Chorus 2

Both Sides, Now

Words & Music by
Joni Mitchell

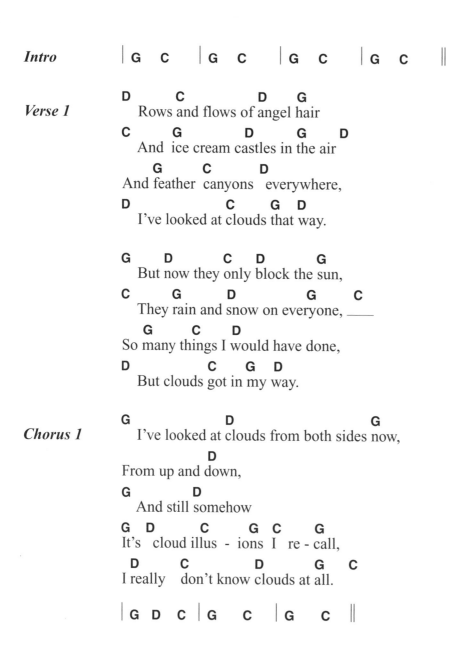

Verse 2

```
D           C            D    G
   Moons and Junes and Ferris wheels,
C     G          D     G      D
   The  dizzy dancing way you feel
  D      C    D
As every fairy tale comes real,
D              C  G  D
   I've looked at love that way.
```

```
G     D  C      D      G
   But now it's just another show
C     G            D      G       D
   You leave 'em laughing when you go
  D       C     D
And if you care, don't let them know,
D           C        G  D
   Don't give yourself a - way.
```

Chorus 2

```
G               D                G
   I've looked at love from both sides now,
              D
From give and take,
G         D
   And still somehow
G  D         C     G  C          G
It's __ love's illus - ions I    re - call,
  D    C        D     G    C
I really don't know love at all.
```

```
| G  D  C  | G    C  | G    C   ||
```

Verse 3

```
D           C      D    G
Tears and fears and feeling proud
C  G   D            G  D
To say 'I love you' right out loud.
D          C      D
Dreams and schemes __ and circus crowds,
  D        C  G    D
I've looked at life that way.
```

cont.

G D C   D G
But now old friends are acting strange

C   G   D   G
They shake their heads, they say I've changed.

C   D   C   D
Well some - thing's lost but something's gained

D   C G D
In living every   day.

Chorus 3

G   D   G
I've looked at life from both sides now,

         D
From win and lose

G   D
And still somehow

G D   C G C   G
It's ___ life's illus - ions I re - call,

 D   C   D   G   C
I really don't know life at all.

| G D   C | G C | G C | ‖

Chorus 4

G   D   G D G
I've looked at life from both sides now,

    G   D
From up and down,

G   D
And still somehow

G D   C G C   G
It's ___ life's illus - ions I re - call,

 D   C   D   G   C
I really don't know life at all.

| G D C | G C | G C |

| G C | G C | G C |

| G C | G D C | G   ‖

Brimful Of Asha

Words & Music by
Tjinder Singh

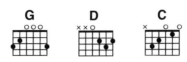

Intro   ‖: G | D   C | G | D   C :‖

Verse 1
           G   D   C
There's dancing behind movie scenes,
               G   D   C
Behind the movie scenes Sadi Rani,
G   D   C
She's the one that keeps the   dream alive
              G   C
From the morning past the evening
           G
To the end of the light.

Chorus 1
G   D   C
Brimful of Asha on the forty-five,
               G   D   C
Well it's a brimful of Asha on the forty-five.
G   D   C
Brimful of Asha on the forty-five,
               G   D   C
Well it's a brimful of Asha on the forty-five.

Link   ‖: G | D   C | G | D   C :‖

Verse 2
           G   D   C
And singing, illuminate the main streets
              G   D C
And the cinema aisles,
G   D   C
We don't care about no government warnings
              G   C
'Bout their promotion of the simple life
           G
And the dams they're building.

Chorus 2   As Chorus 1

Bridge 1

G   C
Everybody needs a bosom for a pillow,

G   C
Everybody needs a bosom.

G   C
Everybody needs a bosom for a pillow,

G   C
Everybody needs a bosom.

G   C
Everybody needs a bosom for a pillow,

G   C
Everybody needs a bosom.

Mine's on the forty-(five.)

Link   ‖: G | D   C | G | D   C :‖
        five.

Verse 3

G   E   C
Mohamid Rufi. (Forty-five.)

G   D   C
Lata Mangeskar. (Forty-five.)

G   D   C
Solid state radio. (Forty-five.)

G   D   C
Ferguson mono. (Forty-five.)

G   D   C
Bon Publeek. (Forty-five.)

G   C
Jacques Dutronc and the Bolan Boogie,

    G   C
The Heavy Hitters and the chi-chi music,

G   D   C
All India Radio. (Forty-five.)

G   D   C
Two-in-ones. (Forty-five.)

G   D   C
Argo records. (Forty-five.)

G   D   C
Trojan records. (Forty-five.)

Chorus 3

    G   D   C
Brimful of Asha on the forty-five,

             G   D   C
Well it's a brimful of Asha on the forty-five.

    G   D   C
Brimful of Asha on the forty-five,

             G   D   C
Well it's a brimful of Asha on the forty-five.

Bridge 2

    G   C
Everybody needs a bosom for a pillow,

    G   C
Everybody needs a bosom.

    G   C
Everybody needs a bosom for a pillow,

    G   C
Everybody needs a bosom.

    G   C
Everybody needs a bosom for a pillow,

    G   C
Everybody needs a bosom.

Mine's on the forty-(five.).

Link

𝄆 G | D   C | G | D   C 𝄇
   five.

Verse 4

    G   D   C
Seventy-seven thousand piece orchestra set.

    G
Everybody needs a bosom for a pillow,

    D   C
Mine's on the r.p.m.

Chorus 4   As Chorus 3

Bridge 3   𝄆 As Bridge 2 𝄇 *Repeat to fade*

Boys Don't Cry

Words by Robert Smith
Music by Robert Smith, Laurence Tolhurst & Michael Dempsey

G   Am   Bm   C   D   Em

Intro   ‖: G | Am | Bm | C Bm Am :‖   *Play four times*

Verse 1

G   Am
I would say I'm sorry

     Bm   C
If I thought that it would change your mind.

G   Am
But I know that this time

     Bm
I have said too much,

    C
Been too unkind.

Prechorus 1

Bm   Am
  I try to laugh about it,

Bm   Am
Cover it all up with lies.

Bm   Am
  I try to laugh about it,

Bm   Am
Hiding the tears in my eyes.

Chorus 1

           G Am Bm C Bm Am
'Cause boys   don't cry.

G   Am Bm C Bm Am
Boys don't cry.

Verse 2

G   Am
I would break down at your feet

     Bm   C
And beg forgiveness, plead with you.

G   Am
But I know that it's too late

     Bm   C
And now there's nothing I can do.

Prechorus 2   As Prechorus 1

Chorus 2   As Chorus 1

Verse 3

G   Am
I would tell you that I loved you

Bm   C
If I thought that you would stay.

G   Am
But I know that it's no use,

  Bm   C
And you've already gone away.

Middle

D   Em
 Misjudged your limits,

D   Em
 Pushed you too far.

D   Em
 Took you for granted,

 C   D
I thought that you needed me more, more, more.

Verse 4

  G   Am
Now I would do most anything

 Bm   C
To get you back by my side.

G Am
But I just keep on laughing,

Bm   C
Hiding the tears in my eyes.

Chorus 3

   G Am Bm C Bm Am
'Cause boys   don't cry.

G Am Bm C Bm Am
Boys don't cry.

G Am Bm C Bm Am
 Boys don't cry.

| G | Am | Bm | C Bm Am | G |

Caroline

Words & Music by
Francis Rossi & Robert Young

G   C   D

Intro

‖: G | G | G | G :‖

| C | C | G | G |

| D | C | G | G |

| G | G | G | G |

Verse 1

     G
If you want to turn me onto
C
Anything you really want to
     G   **D**   **G**   **D**
Turn me onto your love, your love.
     G
If the night-time is the right time
C
Anytime of yours is my time,
     G   **D**   **G**   **D**
We can find time for love sweet love.

Chorus 1

G
Come on sweet Caroline,

You're my sweet Caroline,
     C
You know I want to take you,

I've really got to make you,
G
Come on sweet Caroline
D   **C**   **G**   **D**
Take my hand and together we can rock 'n' roll.

Verse 2

       G
When I'm thinking of you sleeping

C
I'm at home alone and weeping

      G   **D**   **G**   **D**
Are you keeping your love sweet love.

      G
Do you still care when I'm not there

C
Do you really wish I was there

      G   **D**   **G**   **D**
Can I come there for love sweet love.

Chorus 2

G
Come on sweet Caroline,

You're my sweet Caroline,

   C
You know I want to take you,

I've really got to make you,

G
Come on sweet Caroline

D   **C**   **G**   **D**
Take my hand and together we can rock 'n' roll.

Instrumental

G	G	G	G	
C	C	G	G	
D	C	G	G	
G	G	G	G	

Verse 3

G
If you want to turn me onto

C
Anything you really want to

      G   **D**   **G**   **D**
Turn me onto your love, sweet love.

Chorus 3

G
Come on sweet Caroline,

You're my sweet Caroline,

    C
You know I want to take you,

I've really got to make you,

G
Come on sweet Caroline

D   C   G
Take my hand and together we can rock 'n' roll.

Outro

:| G	| G	| G	| G	|
| C	| C	| G	| G	|
| D	| C	| G	| G	:|

Repeat to fade

18

Common People

Words by Jarvis Cocker
Music by Jarvis Cocker, Nick Banks, Russell Senior,
Candida Doyle & Stephen Mackey

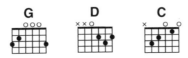

Intro | G | G | G | G ||

Verse 1
G
She came from Greece, she had a thirst for knowledge,

She studied sculpture at St. Martin's college,
D
That's where I caught her eye.
G
She told me that her dad was loaded,

I said "In that case I'll have rum and Coca Cola,"
D
She said "Fine."

And then in thirty seconds time she said
C
"I want to live like common people,
G
I want to do whatever common people do,

Want to sleep with common people,
D
I want to sleep with common people like you."

Well, what else could I do?
G
I said, "I'll - I'll see what I can do."

Verse 2

     (G)
I took her to a supermarket,

                                   D
I don't know why but I had to start it somewhere, so it started there.
G
  I said "Pretend you've got no money,"

                                 D
She just laughed and said "Oh, you're so funny," I said "Yeah?

Well I can't see anyone else smiling in here,

            C
Are you sure you want to live like common people,

                      G
You want to see whatever common people see,

You want to sleep with common people,

                    D
You want to sleep with common people like me?"

                           G
But she didn't understand, she just smiled and held my hand.

Verse 3

Rent a flat above a shop, cut your hair and get a job,

        D
Smoke some fags and play some pool, pretend you never went to school,

        G
But still you'll never get it right 'cause when you're laid in bed at night

       D
Watching 'roaches climb the wall,

If you called your dad he could stop it all, yeah.
C
  You'll never live like common people,

                    G
You'll never do whatever common people do.

You'll never fail like common people,

                  D
You'll never watch your life slide out of view,

And then dance and drink and screw

              G
Because there's nothing else to do.

Instrumental |: G | G | G | G | D | D | D | D   :|

Verse 4

     C
    Sing along with the common people,

                                   G
Sing along and it might just get you through.

Laugh along with the common people,

                                  D
Laugh along even though they're laughing at you,

And the stupid things that you do,

                   G
Because you think that poor is cool.

Verse 5

Like a dog lying in the corner,

They will bite you and never warn you,

     D
Look out, they'll tear your insides out,

 G
  'Cause everybody hates a tourist,

                            D
Especially one who thinks it's all such a laugh,

And the chip stains and grease will come out in the bath.

       C
You will never understand how it feels to live your life

       G
With no meaning or control and with nowhere left to go.

       D
You are amazed that they exist,

                         G
And they burn so bright whilst you can only wonder why.

Verse 6   As Verse 3

Outro | G | G | G | G ||

           (G)
      ||: Want to live with common people like you. :|| *Play 7 times*

      ||: Oh, la, la, la, la. :|| *Play 4 times*

      Oh yeah.

Complicated

Words & Music by
Avril Lavigne, Lauren Christy, David Alspach & Graeme Edwards

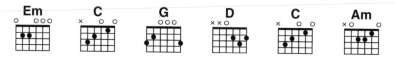

Intro

Em C
     Uh huh,
G D
    Life's like this.
Em   C   G   D | Em C   ‖
    Uh huh, uh huh, that's the way it is.
G   D
    'Cause life's like this,
Em   C   G   D
    Uh huh, uh huh that's the way it is.

Verse 1

G
    Chill out whatcha yellin' for?
Em
    Lay back, it's all been done before,
C   D
    And if you could only let it be you will see.
G
    I like you the way you are,
Em
    When we're drivin' in your car,
C   D
    And you're talking to me, one on one but you've become,

Bridge 1

    C
Somebody else round everyone else,

        Em
You're watching your back like you can't relax.

      C   D
You're tryin' to be cool, you look like a fool to me.

Tell me,

Chorus 1

    Em   C   G
Why'd you have to go and make things so complicated?

    D
I see the way you're

    Em   C   G
Acting like you're somebody else gets me frustrated

D
Life's like this you,

    Em   C
And you fall and you crawl and you break,

           G   D
And you take what you get and you turn it into

  Am   C
Honesty and promise me, I'm never gonna find you fake it,

        G
No, no, no.

Verse 2

    G
      You come over unannounced,

    Em
      Dressed up like you're somethin' else,

    C   D
      Where you are and where it's at you see,

You're making me

    G
      Laugh out when you strike your pose,

    Em
      Take off all your preppy clothes,

    C   D
      You know you're not fooling anyone,

When you've become

Bridge 2	As Bridge 1

Chorus 2	As Chorus 1

Interlude | (G) | Em | C | D   ‖

Verse 3

G
  Chill out whatcha yelling for?
Em
  Lay back, it's all been done before,
C   D
  And if you could only let it be, you will see

Bridge 3	As Bridge 1

Chorus 3

Em   C   G
Why'd you have to go and make things so complicated?
  D
I see the way you're
Em   C   G
Acting like you're somebody else gets me frustrated
D
Life's like this you,
Em   C
  And you fall and you crawl and you break,
      G   D
And you take what you get and you turn it into
  Am   C
Honesty and promise me, I'm never gonna find you fake it, no, no

Chorus 4

Em   C   G
Why'd you have to go and make things so complicated?
  D   Em   C
I see the way you're acting like you're somebody else
          G   D
Gets me frustrated. Life's like this you,
Em   C
  And you fall and you crawl and you break,
      G   D
And you take what you get and you turn it into
  Am   C
Honesty and promise me, I'm never gonna find you fake it, no, no, no.

Don't Panic

Words & Music by
Guy Berryman, Jon Buckland, Will Champion & Chris Martin

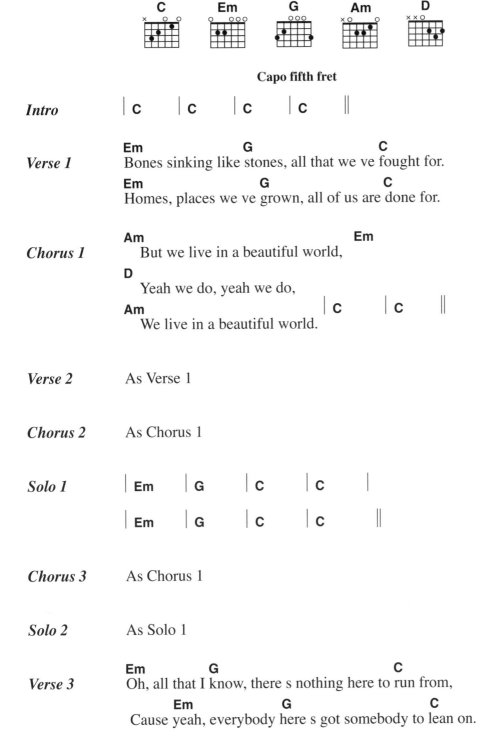

Capo fifth fret

Intro
| C | C | C | C ||

Verse 1
Em   G   C
Bones sinking like stones, all that we ve fought for.
Em   G   C
Homes, places we ve grown, all of us are done for.

Chorus 1
Am   Em
   But we live in a beautiful world,
D
   Yeah we do, yeah we do,
Am | C | C ||
   We live in a beautiful world.

Verse 2
As Verse 1

Chorus 2
As Chorus 1

Solo 1
| Em | G | C | C |
| Em | G | C | C ||

Chorus 3
As Chorus 1

Solo 2
As Solo 1

Verse 3
Em   G   C
Oh, all that I know, there s nothing here to run from,
               Em   G   C
Cause yeah, everybody here s got somebody to lean on.

Driftwood

Words & Music by
Fran Healy

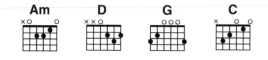

Intro | Am | D | Am | D |

Verse 1

G   C   D
Everything is open, nothing is set in stone
G   C   D
Rivers turn to oceans, oceans tide you home
G   C   D
Home is where the heart is, but your heart had to roam
G   C   D
Drifting over bridges, never to return
D
Watching bridges burn.

Chorus 1

           G   D   Am
You're driftwood floating underwater
                  C
Breaking into pieces, pieces, pieces
         G   D   Am
Just driftwood, hollow and of no use
                  C
Waterfalls will find you, bind you, grind you.

Verse 2

G   C   D
Nobody is an island, everyone has to go
G   C   D
Pillars turn to butter, butter flying low
G   C   D
Low is where your heart is, but your heart has to grow
G   C   D
Drifting under bridges, never with the flow.

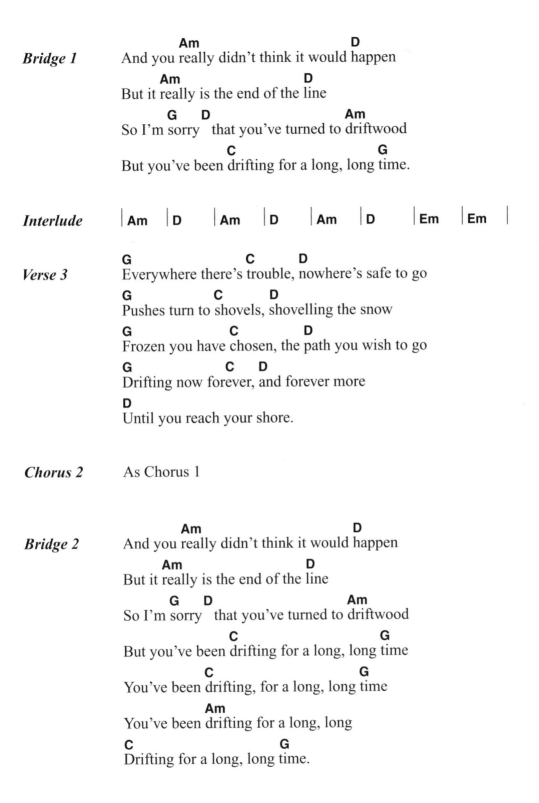

Bridge 1

          Am   D
And you really didn't think it would happen

      Am   D
But it really is the end of the line

      G   D   Am
So I'm sorry   that you've turned to driftwood

                    C   G
But you've been drifting for a long, long time.

Interlude

| Am | D | Am | D | Am | D | Em | Em |

Verse 3

G   C   D
Everywhere there's trouble, nowhere's safe to go

G   C   D
Pushes turn to shovels, shovelling the snow

G   C   D
Frozen you have chosen, the path you wish to go

G   C   D
Drifting now forever, and forever more

D
Until you reach your shore.

Chorus 2   As Chorus 1

Bridge 2

          Am   D
And you really didn't think it would happen

      Am   D
But it really is the end of the line

      G   D   Am
So I'm sorry   that you've turned to driftwood

                    C   G
But you've been drifting for a long, long time

                  C   G
You've been drifting, for a long, long time

          Am
You've been drifting for a long, long

C   G
Drifting for a long, long time.

Fairytale Of New York

Words & Music by
Shane MacGowan & Jem Finer

Intro | C G C | D G D | ||

Verse 1
　　　　　　　　　　　　G　　　　　　　　C
It was Christmas Eve, babe, in the drunk tank,
　　　　　　　　　G　　　　　　　　　　　D
An old man said to me "I won't see another one,"
　　　　　　　　　　G　　　　　　　　　　C
And then he sang a song, the rare old mountain dew,
　　　　　　　　G　　　　　　　　D　　G　　D
I turned my face away and dreamed about you.

Verse 2
　　　　　　　　　G　　　　　　　　　　C
Got on a lucky one, came in eighteen to one,
　　　　　　　　　　G　　　　　　　D
I've got a feeling this year's for me and you.
　　　　　　　　G　　　　　　　　C
So Happy Christmas, I love you baby,
　　　　　　　　　G　　　　　　　　　D
I can see a better time when all our dreams come true.

Instrumental | C G C | D | G   D | G C D G ||

Verse 3
　　　　　　　　　G　　　　　D　　　　　　Em　　C
They've got cars big as bars, they've got rivers of gold
　　　　　G　　　　　　　　　　　　　　　　　　D
But the wind goes right through you, it's no place for the old.
　　　　　　　　G　　　　　　Em　　G　　　　C
When you first took my hand on a cold Christmas Eve
　　　　　G　　　　　　　　　　D　　　　　G
You promised me Broadway was waiting for me.

Verse 4

      G   D
You were handsome, you were pretty, queen of New York City.
      G   C   D   G
When the band finished playing, they howled out for more.
   G   D
Sinatra was swinging, all the drunks they were singing,
     G   C   D   G
We kissed on a corner then danced through the night.

Chorus 1

       C   Em D   G   Em
And the boys from the NYPD   choir were singin' 'Galway Bay'
     G   C   D   G
And the bells were ringin' out for Christmas Day.

Link 1 | G D Em C | G   D | G Em G C | G   D G ‖

Verse 5

      G   D
You're a bum, you're a punk, you're an old slut on a junk
      G   C   D   G
Lying there almost dead on a drip in that bed.
      G   D
You scumbag, you maggot, you cheap lousy faggot,
      G   C   D   G
Happy Christmas your arse, I pray God it's our last.

Chorus 2   As Chorus 1

Link 2 | G | C | G   C | D G D ‖

Verse 6

      G   C
I could have been someone, well so could anyone.
      G   D
You took my dreams from me when I first found you.
      G   C
I kept them with me, babe, I put them with my own,
      G   C   D   G
I can't make it all alone, I've built my dreams around you.

Chorus 3   As Chorus 1

Father & Son

Words & Music by
Cat Stevens

Intro | G | G | G | G ||

Verse 1

         G   **D**
It's not time to make a change
      C   **Am**
Just relax, take it easy.
        G   **Em**
You're still young, that's your fault,
    Am   **D**
There's so much you have to know.
        G   **D**
Find a girl, settle down,
       C   **Am**
If you want you can marry,
      G   **Em**   **Am** **D**
Look at me, I am old but I'm happy.

Verse 2

        G   **Bm**
I was once like you are now
      C   **Am**
And I know that it's not easy
      G   **Em**   **D**
To be calm when you found something going on.
       G   **Bm**
But take your time, think a lot
      C   **Am**
Think of everything you've got.
      G   **Em**
For you will still be here tomorrow
    D   **G** **C** **G** **C**
But your dreams may not.

Verse 3

        G   Bm
How can I try to explain?

          C   Am
When I do he turns away again;

        G   Em   Am   D
Well, it's always been the same, same old story.

        G   Bm
From the moment I could talk

       C   Am
I was ordered to listen,

          G   Em
Now there's a way and I know

       D   G
That I have to go away.

    D   C   G C G C
I know I have to go.

Verse 4

        G   D
It's not time to make a change

       C   Am
Just sit down and take it slowly

        G   Em
You're still young, that's your fault

        Am   D
There's so much you have to go through.

        G   Bm
Find a girl, settle down

       C   Am
If you want you can marry

        G   Em   Am   D
Look at me, I am old but I'm happy.

Verse 5

         G   **Bm**
All the times that I've cried

        C   **Am**
Keeping all the things I know inside;

        G   **Em**   **Am**   **D**
And it's hard, but it's harder to ignore it.

         G   **Bm**
If they were right I'd agree

      C   **Am**
But it's them they know not me;

       G   **Em**
Now there's a way, and I know

    D   **G**
That I have to go away.

  C   **D**   **G**
I know I have to go.

Fight Test

Words & Music by
Wayne Coyne, Steven Drozd, Michael Ivans, David Fridman & Cat Stevens

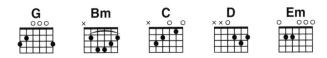

Intro

(The test begins. Now.)

| G | Bm | C | D | G | |
| Em | D | D | D | D | |

Verse 1

           G   **Bm**
I thought I was smart, I thought I was right,

     C   **D**
I thought it better not to fight,

              G   **Em**   **D**
I thought there was a virtue in always being cool.

     G   **Bm**
So then came time to fight,

     C   **D**
I thought I'll just step a - side,

         G   **Em**
And that the time would prove you wrong,

     D   **G**
And that you would be the fool.

Chorus 1

     G   **Bm**
I don't know where the sunbeams end

     C   **D**
And the star lights be - gin,

     G   **Em** **D** | **D** | |
It's all a mystery.

Verse 2

     G   **Bm**
Oh to fight is to de - fend,

     C
If it's not now then tell me

D   **G**   **Em**   **D**
When would be the time that you would stand up and be a man.

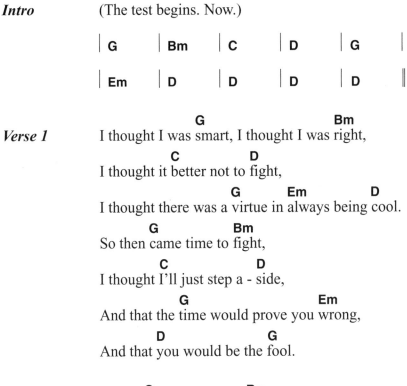

cont.

       G   **Em**
For to lose I could ac - cept,

            C   **D**
But to sur - render I just wept

                  G   **Em**
And regretted this moment

         D
Oh that I,

Chorus 2

        G   **Bm**
I don't know where the sunbeams end

           C   **D**
And the star lights be - gin,

        G   **Em** **D**
It's all a mystery.

           G   **Bm**
And I don't know how a man decides

          C   **D**
What's right for his own life,

        G   **Em** **D** | **D** |
It's all a mystery.

Verse 3

        G   **Bm**
'Cause I'm a man, not a boy,

          C   **D**
And there are things you can't a - void,

        G
You have to face them,

        Em   **D**
When you're not prepared to face them.

     G   **Em**
If I could I would,

          C
But you're with him now,

   D
It do no good,

        G
I should have fought him

      Em   **D**
But in - stead I let him,

     G
I let him take you.

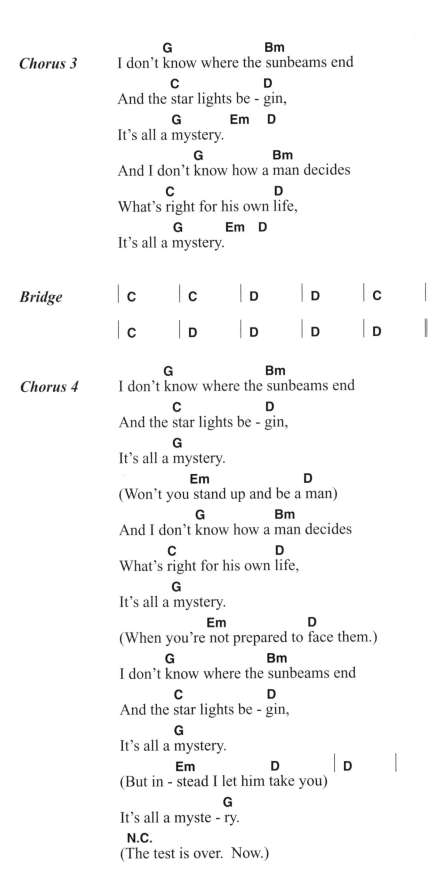

Chorus 3

      G   Bm
I don't know where the sunbeams end
        C   D
And the star lights be - gin,
        G   Em   D
It's all a mystery.
          G   Bm
And I don't know how a man decides
        C   D
What's right for his own life,
        G   Em   D
It's all a mystery.

Bridge

| C | C | D | D | C | |
| C | D | D | D | D | |

Chorus 4

      G   Bm
I don't know where the sunbeams end
        C   D
And the star lights be - gin,
        G
It's all a mystery.
          Em   D
(Won't you stand up and be a man)
         G   Bm
And I don't know how a man decides
        C   D
What's right for his own life,
        G
It's all a mystery.
          Em   D
(When you're not prepared to face them.)
        G   Bm
I don't know where the sunbeams end
        C   D
And the star lights be - gin,
        G
It's all a mystery.
          Em   D | D |
(But in - stead I let him take you)
          G
It's all a myste - ry.
    N.C.
(The test is over. Now.)

A Girl Like You

Words & Music by
Edwyn Collins

Intro

| Em | Am Bm | Em | Am Bm |
| Em | Am Bm | Em | Am Bm ‖

Verse 1

        Em   Am   Bm Em Am Em
I've never known a girl like you be - fore,
        Em   Am   Bm Em Am Em
Now just like in a song from days of yore.
Em   Am   Bm Em Am Em
Here you come a-knocking, knocking on my door,
        Em   Am   Bm Em Am Em
And I've never met a girl like you be - fore.

Guitar riff 1

| Em | Am Bm | Em | Am Bm |
| Em | Am Bm | Em | Am Bm ‖

Verse 2

        Em   Am   Bm Em Am Em
You give me just a taste so I want more,
        Em   Am   Bm Em Am Em
Now my hands are bleeding and my knees are raw,
        Em   Am   Bm Em Am Em
'Cause now you've got me crawling, crawling on the floor,
        Em   Am   Bm Em Am Em
An' I've never known a girl like you be - fore.

Guitar riff 2
```
|Em        |Am Bm |Em        |Am Bm  |

|Em        |Am Bm |Em        |Am Bm ‖
```

Verse 3

Em   Am   Bm
You've made me acknowledge the devil in me,
Em   Am   Bm
I hope to God I'm talking meta - phorical - ly,
Em   Am   Bm
I hope that I'm taking alle - gorical - ly,
Em   Am   Bm
Know that I'm talking 'bout the way I feel.
                  Em   Am   Bm Em Am Em
An' I've never known a girl like you be - fore,
Em   Am Bm
Never, never, never, never,
Em   Am   Em
Never known a girl like you be - fore.

Guitar solo
```
|Em        |Am Bm |Em        |Am Bm  |

|Em        |Am Bm |Em        |Am Bm ‖
```

Outro

Em   Am   Bm
  This old town's changed so much,
Em   Am Bm
  Don't feel that I be - long,
Em   Am   Bm
  Too many protest singers,
Em   Am   Bm
  Not enough protest songs.
          Em   Am Bm
And now you've come along,
        Em   Am Bm
Yes you've come along,
          Em   Am Bm
And I've never met a girl like you be - fore.

Guitar outro
```
‖:Em      | Am Bm | Em      | Am Bm |

|Em       | Am Bm | Em      | Am Bm :‖
```

Ad lib. to end

Girl From The North Country

Words & Music by
Bob Dylan

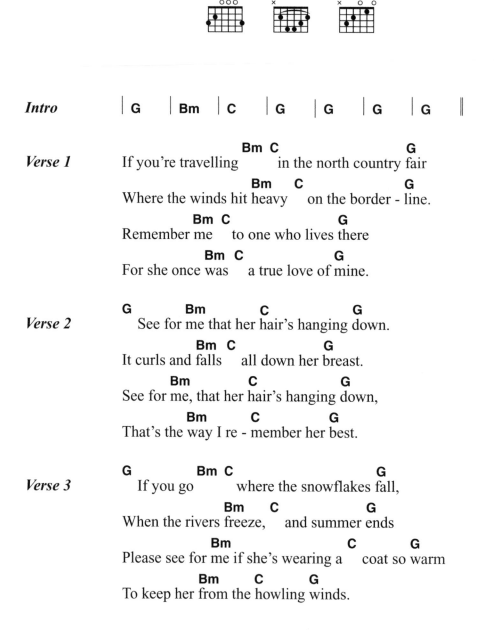

Intro | G | Bm | C | G | G | G | G ‖

Verse 1
                    Bm C   **G**
If you're travelling   in the north country fair
                 Bm   **C**   **G**
Where the winds hit heavy   on the border - line.
             Bm C   **G**
Remember me   to one who lives there
            Bm C   **G**
For she once was   a true love of mine.

Verse 2
    G   **Bm**   **C**   **G**
See for me that her hair's hanging down.
           Bm C   **G**
It curls and falls   all down her breast.
          Bm   **C**   **G**
See for me, that her hair's hanging down,
           Bm   **C**   **G**
That's the way I re - member her best.

Verse 3
    G   **Bm C**   **G**
If you go   where the snowflakes fall,
          Bm   **C**   **G**
When the rivers freeze,   and summer ends
            Bm   **C** **G**
Please see for me if she's wearing a   coat so warm
         Bm   **C**   **G**
To keep her from the howling winds.

Verse 4

```
G          Bm            C            G
   If you're travelling in the north country fair
                       Bm            C         G
Where the winds hit heavy on the borderline.
                     Bm        C          G
Please say hel - lo to the one who lives there,
                    Bm     C          G
For she was once a true love of mine.
```

Instrumental

G	Bm	C	G	
G	Bm	C	G	‖

Verse 5

```
G          Bm            C            G
   If you're travelling in the north country fair
                       Bm            C       G
Where the winds hit heavy on the border - line.
                    Bm   C          G
Remember me to one who lives there
                     Bm   C          G
For she once was a true love of mine.
```

Outro

```
Bm             C                   G
   True love of mine, a true love of mine,
                  Bm               C
A true love of mine, a true love of mine,
                   G                Bm
A true love of mine, a true love of mine,
            C              G
She was once a true love of mine.
```

"Heroes"

Words & Music by
David Bowie

D   G   C   Am   Em

Intro ‖: D | D | G | G :‖

Verse 1

```
        D           G         D              G
I, I will be king, and you, you will be queen.
        C                         D
Though nothing, will drive them away
        Am       Em          D
We can beat them,    just for one day.
        C      G        D
We can be heroes,  just for one day.

                      G
And you, you can be mean.
        D                  G
And I, I'll drink all the time
                  D                   G
'Cause we're lovers, and that is a fact.
                  D              G
Yes we're lovers, and that is that.
        C                      D
Though nothing, will keep us together
              Am   Em          D
We could steal time,     just for one day.
        C      G                D
We can be heroes,     for ever and ever.  What d'you say?
```

Link 1 ‖: D | D | G | G :‖

Verse 2

```
D                    G
I, I wish you could swim
        D                          G
Like the dolphins, like dolphins can swim.
        C                         D
Though nothing, nothing will keep us together,
        Am       Em          D
We can beat them,    for ever and ever
            C    G        D
Oh we can be heroes,  just for one day.
```

Link 2   ‖: D | D | G | G   :‖

Verse 3

D   G
I, I will be king

    D   G
And you, you will be queen.

        C   D
Though nothing will drive them away

           Am   Em   D
We can be heroes,   just for one day.

        C   G   D
We can be us,   just for one day.

Verse 4

D   G
I, I can remember (I remember)

D   G
Standing by the wall (by the wall)

        D   G
And the guns shot above our heads (over our heads)

        D   G
And we kissed as though nothing could fall (nothing could fall)

        C   D
And the shame was on the other side.

           Am
Oh we can beat them

Em   D
  For ever and ever.

            C
Then we could be heroes

G   D
  Just for one day.

Coda

D   G   D   G
  We can be heroes,   we can be heroes,

D   G   D
  We can be heroes, just for one day

        G
We can be heroes,

    C   D
We're nothing, and nothing will help us.

        Am   Em   D
Maybe we're lying,   then you better not stay.

        C   G   D
But we could be safer,   just for one day

Fade out

41

I Feel Fine

Words & Music by
John Lennon & Paul McCartney

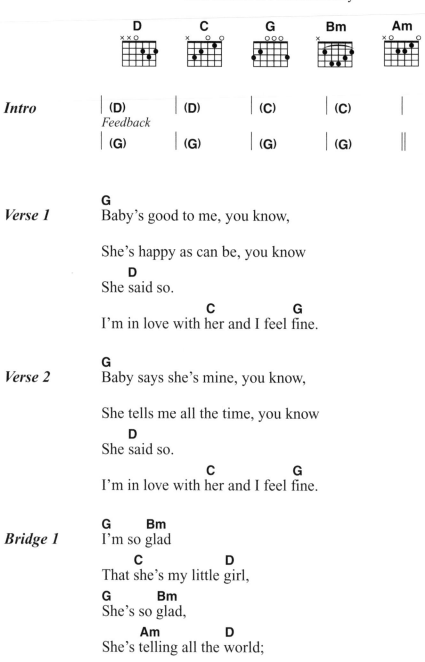

D   C   G   Bm   Am

Intro | (D) | (D) | (C) | (C) |
Feedback
| (G) | (G) | (G) | (G) ||

Verse 1

G
Baby's good to me, you know,

She's happy as can be, you know
    D
She said so.
       C   G
I'm in love with her and I feel fine.

Verse 2

G
Baby says she's mine, you know,

She tells me all the time, you know
    D
She said so.
       C   G
I'm in love with her and I feel fine.

Bridge 1

G   Bm
I'm so glad
    C   D
That she's my little girl,
G   Bm
She's so glad,
     Am   D
She's telling all the world;

Verse 3

G
That her baby buys her things, you know,

He buys her diamond rings, you know

    D
She said so.

         C   G
She's in love with me and I feel fine.

Solo

| G | G | G | G | D | D ||

| (D) | (D) | (C) | (C) |

| (G) | (G) | (G) | (G) ||

Verse 4

G
Baby says she's mine, you know,

She tells me all the time, you know

    D
She said so.

         C   G
I'm in love with her and I feel fine.

Bridge 2

G   Bm
I'm so glad

    C   D
That she's my little girl,

G   Bm
She's so glad,

        Am   D
She's telling all the   world;

Verse 5

G
That her baby buys her things, you know,

He buys her diamond rings, you know

    D
She said so.

         C   G
She's in love with me and I feel fine.

Coda

D   C   G
She's in love with me and I feel fine.

||: G | G | G | G :|| *Repeat to fade*

I'm So Lonesome I Could Cry

Words & Music by
Hank Williams

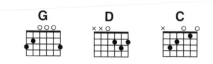

Intro | G | D | G | G |

Verse 1

G
Hear that lonesome Whipporwill,

He sounds too blue to fly.

     C   G
The midnight train is whining low,

                   D   G
I'm so lonesome I could cry.

Verse 2

          G
I've never seen a night so long,

When time goes crawling by.

     C   G
The moon just went be - hind the clouds

          D   G
To hide its face and cry.

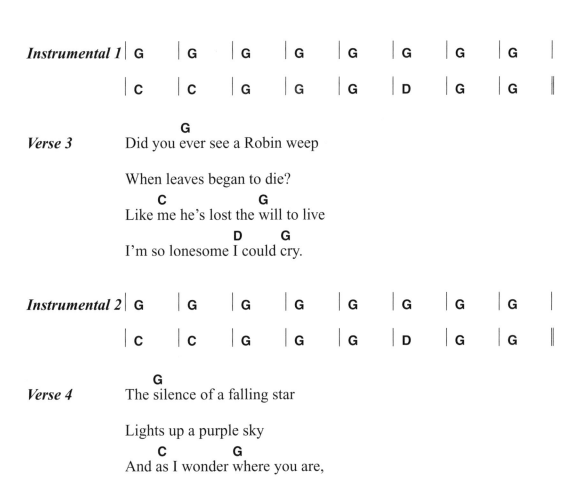

Instrumental 1 | G | G | G | G | G | G | G | G |
| C | C | G | G | G | D | G | G ‖

Verse 3

        G
Did you ever see a Robin weep

When leaves began to die?
    C   G
Like me he's lost the will to live
           D   G
I'm so lonesome I could cry.

Instrumental 2 | G | G | G | G | G | G | G | G |
| C | C | G | G | G | D | G | G ‖

Verse 4

        G
The silence of a falling star

Lights up a purple sky
    C   G
And as I wonder where you are,
          D   G
I'm so lonesome I could cry.

In My Place

Words & Music by
Guy Berryman, Chris Martin, Jon Buckland & Will Champion

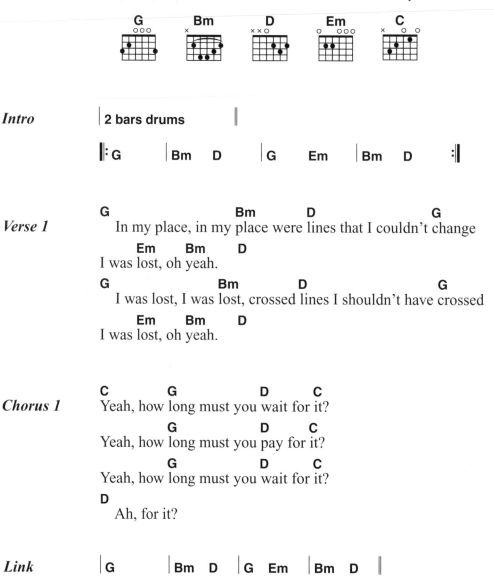

Intro | 2 bars drums   ‖

‖: G | Bm   D | G   Em | Bm   D   :‖

Verse 1

G   Bm   D   G
In my place, in my place were lines that I couldn't change
Em   Bm   D
I was lost, oh yeah.
G   Bm   D   G
I was lost, I was lost, crossed lines I shouldn't have crossed
Em   Bm   D
I was lost, oh yeah.

Chorus 1

C   G   D   C
Yeah, how long must you wait for it?
G   D   C
Yeah, how long must you pay for it?
G   D   C
Yeah, how long must you wait for it?
D
Ah, for it?

Link | G | Bm   D | G   Em | Bm   D   ‖

Verse 2

G   Bm   D   G
I was scared, I was scared, tired and under-prepared,
         Em   Bm   D
But I'll wait for it.
G   Bm   D   G
And if you go, if you go and leave me down here on my own,
         Em   Bm   D
Then I'll wait for you, yeah.

Chorus 2

C   G   D   C
Yeah, how long must you wait for it?
             G   D   C
Yeah, how long must you pay for it?
             G   D   C
Yeah, how long must you wait for it?
         D
Ah, for it?

Instrumental

‖: G | Bm   D | G   Em | Bm   D   :‖

Middle

             G   Bm
Singing: Please, please, please,
         D   G   Em   Bm
Come back and sing to me, to me, ah me.
         D   G   Bm
Come on and sing it out, now, now
         D   G   Em Bm
Come on and sing it out, to me, me
         D
Come back and sing it.

Outro

G   Bm   D   G
In my place, in my place were lines that I couldn't change
         Em   D
I was lost, oh yeah.
D G
Oh yeah.

Girl From Mars

Words & Music by
Tim Wheeler

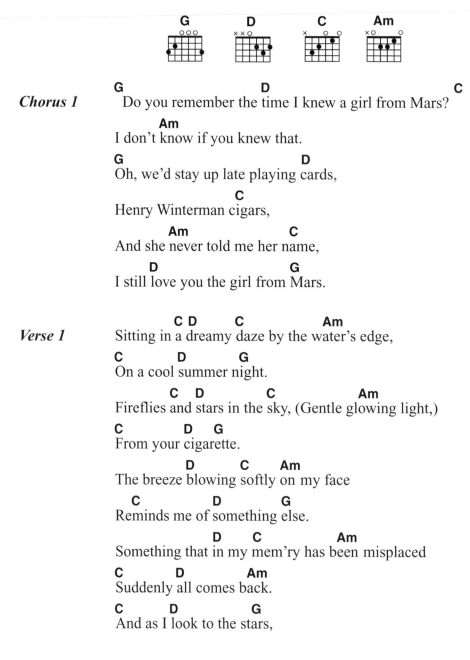

Chorus 1

G   D   C
Do you remember the time I knew a girl from Mars?

         Am
I don't know if you knew that.

G   D
Oh, we'd stay up late playing cards,

                C
Henry Winterman cigars,

       Am   C
And she never told me her name,

       D   G
I still love you the girl from Mars.

Verse 1

             C D   C   Am
Sitting in a dreamy daze by the water's edge,

C   D   G
On a cool summer night.

           C D   C   Am
Fireflies and stars in the sky, (Gentle glowing light,)

C   D G
From your cigarette.

            D   C   Am
The breeze blowing softly on my face

     C   D   G
Reminds me of something else.

           D   C   Am
Something that in my mem'ry has been misplaced

C   D   Am
Suddenly all comes back.

C   D   G
And as I look to the stars,

Chorus 2

                     D   **C**
I remember the time I knew a girl from Mars

        Am
I don't know if you knew that.

G   **D**
Oh, we'd stay up late playing cards,

             C
Henry Winterman cigars,

      Am   **C**
And she never told me her name,

    D   **G**
I still love you the girl from Mars.

Verse 2

                    C D   **C**   **Am**
Surging through the darkness (over the moon-lit strand),

      C   **D**   **G**
Electricity in the air.

             C D   **C**   **Am**
Twisting all__ through the night on the terrace

C   **D**   **G**
Now that summer is here.

          C D   **C**   **Am**
I know that you are almost in love with me

       C   **D**   **G**
I can see it in your eyes.

           C D   **C**   **Am**
Strange lights shimmering under the sea tonight,

       C   **D**   **Am**
And it almost blows my mind.

C   **D**   **G**
And as I look to the stars,

Chorus 3   As Chorus 2

‖: **G**   **C** | **D** | **C**   **Am** | **Am**   :‖ *Play 4 times*

Verse 3

  G   **D**   **C**   **Am**
Today I sleep in the chair by the window,

  C   **D**   **G**
It felt as if you'd returned

              D   **C**   **Am**
I thought that you were standing over me,

        C   **D**   **Am**
When I woke there was no-one there.

      C   **D**   **G**
I still love you girl__ from Mars,

Chorus 4

(G)   **D**   **C**
Do you remember the time I knew a girl from Mars?

      Am
I don't know if you knew that.

G   **D**
Oh, we'd stay up late playing cards,

               C
Henry Winterman cigars,

       Am   **G**
And she never told me her name.

Chorus 5

(G)   **D**   **C**
Do you remember the time I knew a girl from Mars?

      Am
I don't know if you knew that.

G   **D**
Oh, we'd stay up late playing cards,

               C
Henry Winterman cigars,

     Am   **C**
And I'll still dream of you,

     D   **G**
I still love you girl from Mars.

Just Like A Pill

Words & Music by
Dallas Austin & Alecia Moore

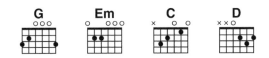

Intro | G | Em | C | D ||

Verse 1
G   Em   C
  I'm lying here on the floor where you left me,
D
I think I took too much.
G   Em   C
  I'm crying here, what have you done?
D
I thought it would be fun.

Bridge 1
C   D
  I can't stay on your life support,
                    C
There's a shortage in the switch.
              D
I can't stay on your morphine,
                C
'Cause it's making me itch.
                  D
I said I tried to call the nurse again,
              C
But she's being a little bitch.
             D
I'll think I'll get out of here,

Chorus 1

                  G   **Em**
Where I can run just as fast as I can,

                       C
To the middle of no - where,

                     D
To the middle of my frustrated fears,

            G   **Em**
And I swear, you're just like a pill,

                    C
Instead of making me better,

                  D
You keep making me ill,

                G | **Em** | **C** | **D** |
You keep making me ill.

Verse 2

G   **Em**   **C**
  I haven't moved from the spot where you left me,

D
  It must be a bad trip.

G   **Em**   **C**
  All of the other pills they were different,

D
Maybe I should get some help.

Bridge 2   As Bridge 1

52

Chorus 2

         G   **Em**
Where I can run just as fast as I can,

              C
To the middle of no - where,

             D
To the middle of my frustrated fears.

         G   **Em**
And I swear, you're just like a pill,

              C
Instead of making me better,

             D
You keep making me ill,

You keep making me,

G   **Em**
Run just as fast as I can,

              C
To the middle of no - where,

             D
To the middle of my frustrated fears.

         G   **Em**
And I swear, you're just like a pill,

              C
Instead of making me better,

             D
You keep making me ill,

             G
You keep making me ill.

Bridge 3   As Bridge 1

Chorus 3   As Chorus 2

Repeat Chorus to fade

Jolene

Words & Music by
Dolly Parton

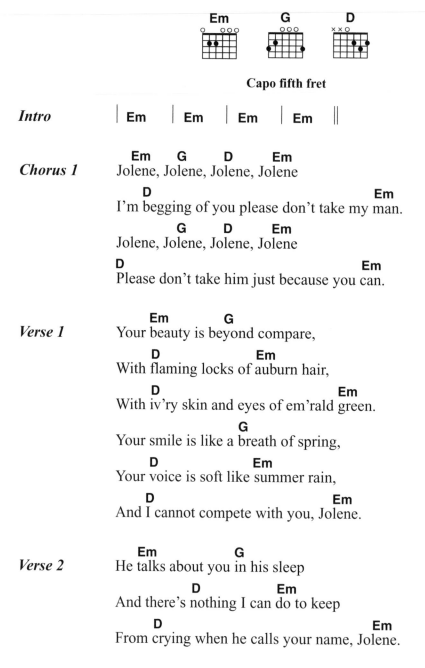

Em   G   D

Capo fifth fret

Intro | Em | Em | Em | Em ||

Chorus 1
     Em G   D   Em
Jolene, Jolene, Jolene, Jolene
    D   **Em**
I'm begging of you please don't take my man.
         G   D   Em
Jolene, Jolene, Jolene, Jolene
D   **Em**
Please don't take him just because you can.

Verse 1
     Em   **G**
Your beauty is beyond compare,
    D   **Em**
With flaming locks of auburn hair,
    D   **Em**
With iv'ry skin and eyes of em'rald green.
           G
Your smile is like a breath of spring,
    D   **Em**
Your voice is soft like summer rain,
    D   **Em**
And I cannot compete with you, Jolene.

Verse 2
     Em   **G**
He talks about you in his sleep
       D   **Em**
And there's nothing I can do to keep
    D   **Em**
From crying when he calls your name, Jolene.

cont.

             G
And I can eas'ly understand
      D   **Em**
How you could eas'ly take my man
      D   **Em**
But you don't know what he means to me, Jolene.

Chorus 2

Em   **G**   **D**   **Em**
Jolene, Jolene, Jolene, Jolene
     D   **Em**
I'm begging of you please don't take my man.
      G   **D**   **Em**
Jolene, Jolene, Jolene, Jolene
D   **Em**
Please don't take him just because you can.

Verse 3

Em   **G**
You could have your choice of men,
     D   **Em**
But I could never love again,
D   **Em**
He's the only one for me, Jolene.
         G
I had to have this talk with you,
     D   **Em**
My happiness depends on you
       D   **Em**
And whatever you decide to do, Jolene.

Chorus 3

Em   **G**   **D**   **Em**
Jolene, Jolene, Jolene, Jolene
     D   **Em**
I'm begging of you please don't take my man.
      G   **D**   **Em**
Jolene, Jolene, Jolene, Jolene
D   **Em**
Please don't take him even though you can.

Jolene, Jolene.

Outro ‖: **Em** | **Em** | **Em** | **Em** :‖ *Repeat to fade*

Knockin' On Heaven's Door

Words & Music by
Bob Dylan

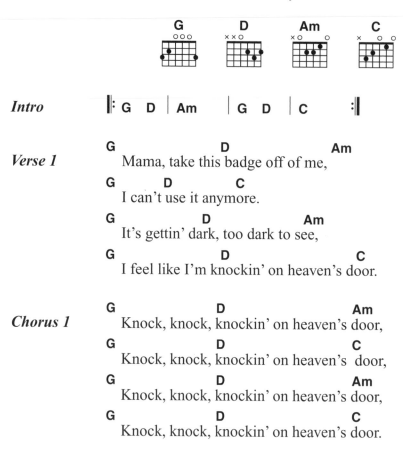

Intro   ‖: G   D | Am | G   D | C   :‖

Verse 1

G   D   Am
Mama, take this badge off of me,

G   D   C
I can't use it anymore.

G   D   Am
It's gettin' dark, too dark to see,

G   D   C
I feel like I'm knockin' on heaven's door.

Chorus 1

G   D   Am
Knock, knock, knockin' on heaven's door,

G   D   C
Knock, knock, knockin' on heaven's door,

G   D   Am
Knock, knock, knockin' on heaven's door,

G   D   C
Knock, knock, knockin' on heaven's door.

Verse 2

G　　　　　　　D　　　　　　Am
Mama, put my guns in the ground,

G　　　　D　　　　　　C
I can't shoot them anymore.

G　　　　　　　　D　　　　　　Am
That long black cloud is comin' down,

G　　　　　　　　D　　　　　　　　C
I feel like I'm knockin' on heaven's door.

Chorus 2

G　　　　　　　　D　　　　　　　　Am
Knock, knock, knockin' on heaven's door,

G　　　　　　　　D　　　　　　　　C
Knock, knock, knockin' on heaven's door,

G　　　　　　　　D　　　　　　　　Am
Knock, knock, knockin' on heaven's door,

G　　　　　　　　D　　　　　　　　C
Knock, knock, knockin' on heaven's door.

Coda　　　｜ G　D ｜ Am　　　｜ G　D ｜ C　　　‖

　　　　　　　　　　　　　　　　　　Fade out

Last Christmas

Words & Music by
George Michael

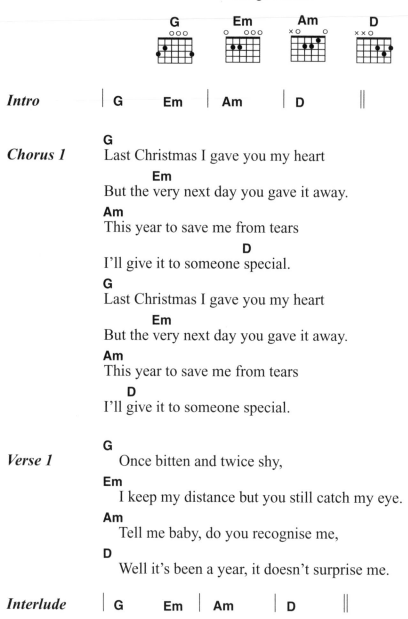

Intro | G   Em | Am | D ||

Chorus 1

G
Last Christmas I gave you my heart
    Em
But the very next day you gave it away.
Am
This year to save me from tears
        D
I'll give it to someone special.
G
Last Christmas I gave you my heart
    Em
But the very next day you gave it away.
Am
This year to save me from tears
  D
I'll give it to someone special.

Verse 1

G
  Once bitten and twice shy,
Em
  I keep my distance but you still catch my eye.
Am
  Tell me baby, do you recognise me,
D
  Well it's been a year, it doesn't surprise me.

Interlude | G   Em | Am | D ||

Verse 2

G
   Happy Christmas, I wrapped it up and sent it

Em
   With a note saying I love you, I meant it.

Am
   Now I know what a fool I've been

         D
But if you kiss me now, I know you'd fool me again.

Interlude | **G**   **Em** | **Am** | **D**   ‖

Chorus 2   As Chorus 1

Verse 3

G
   A crowded room, friends with tired eyes,

Em
   I'm hiding from you and your soul of ice.

Am
   My god, I thought you were someone to rely on,

D
   Me, I guess, I was a shoulder to cry on.

Verse 4

   G
A face on a lover with a fire in his heart,

   Em
A man undercover but you tore me apart.

Am   **D**
Ooh, ooh, now I've found a real love

You'll never fool me again.

Chorus 3   As Chorus 1

Coda

   G
A face on a lover with a fire in his heart,

   Em
A man undercover but you tore me apart.

Am
   Maybe, next year *(spoken)*

   D   **G**
I'll give it to someone, I'll give it to someone special.

| **G** | **G** | **Em** | **Em** | |
| **Am** | **Am** | **D** | **D** | ‖ |

Love Is Strange

Words & Music by
Mickey Baker, Sylvia Robinson & Ethel Smith

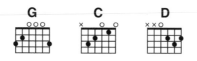

Intro

‖: G C | G C | G C | G C :‖

Verse 1

G   C   G   C
Love,   love is strange, yeah,

D   G   C D   G   C
Lots of people   take it for a game.

D   G   C   D   G   C
Once you've got it,   you're in an awful fix, yeah, yeah.

D   G   C   D   G   C
After you've had it,   you never wanna quit, no, no.

D   G   C D   G
Love is strange,   love is strange.

Interlude

| G C | G C | G C |

G   C
   Hey, Don?

                  G
What, Phil?

C   G   C
How would you call your baby home?

G   C
   Well, if I needed her real bad,

G   C | G C | G C |
I guess I would call her like this:

Middle

G   C D   G   C
Baby,   oh sweet baby

D   G   C D   G | C D |
My sweet baby,   please come home

Interlude

| G C | G C |

G   C   G   C
   Yeah, that ought to bring her home, Don!

Verse 2

```
G      C D        G        C
People    don't understand, no, no.
D        G     C D        G    C
They think love is   money in the hand.
D        G     C   D        G        C
Your sweet loving   is better than a kiss, yeah, yeah.
D      G       C   D    G    C
When you love me, sweet kisses I miss,
D      G     C D      G
Love is strange,   love is strange.
```

Outro   ‖: G   C | G   C :‖   *Repeat to fade*

Love Me Do

Words & Music by
John Lennon & Paul McCartney

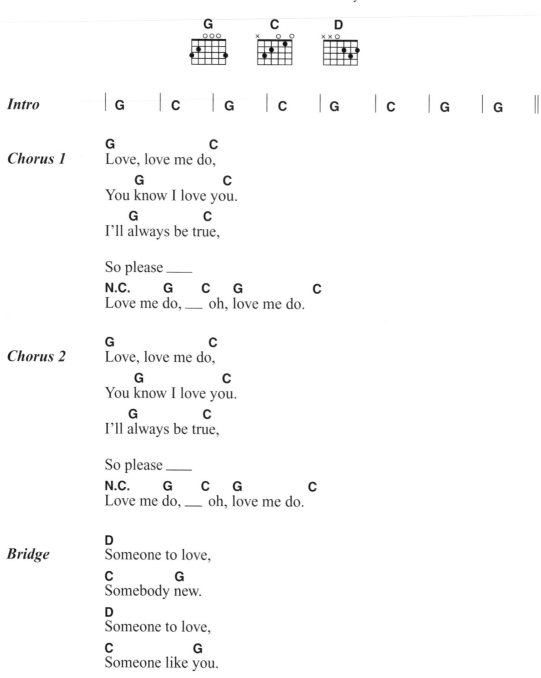

Intro | G | C | G | C | G | C | G | G ‖

Chorus 1

    G   C
Love, love me do,
      G   C
You know I love you.
      G   C
I'll always be true,

So please ____
N.C.   G   C G   C
Love me do, ___ oh, love me do.

Chorus 2

    G   C
Love, love me do,
      G   C
You know I love you.
      G   C
I'll always be true,

So please ____
N.C.   G   C G   C
Love me do, ___ oh, love me do.

Bridge

    D
Someone to love,
    C   G
Somebody new.
    D
Someone to love,
    C   G
Someone like you.

Chorus 3

    G   **C**
Love, love me do,

       G   **C**
You know I love you.

       G   **C**
I'll always be true,

So please ____

N.C.   **G**   **C**   **G**
Love me do, ___ oh, love me do.

Solo

‖: D | D | C | G :‖

| G | G | G | G (D) ‖

Chorus 4

    G   **C**
Love, love me do,

       G   **C**
You know I love you.

       G   **C**
I'll always be true,

So please ____

N.C.   **G**   **C**   **G**   **C**
Love me do, ___ oh, love me do.

          G   **C**
‖: Yeah, love me do,

      G   **C**
Oh, love me do.   :‖ *Repeat to fade*

Mad World

Words & Music by
Roland Orzabal

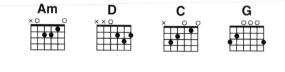

Intro | Am | D | Am | D ||

Verse 1

Am   C
All around me are fa - miliar faces,
G   D
Worn out places, worn out faces.
Am   C
Bright and early for their daily races
G   D
Going nowhere, going nowhere.

Verse 2

Am   C
The tears are filling up their glasses,
G   D
No expression, no expression.
Am   C
Hide my head I wanna drown my sorrow,
G   D
No tomorrow, no tomorrow.

Chorus 1

Am   D
And I find it kind of funny,
            Am
I find it kind of sad,

           D   Am
The dreams in which I'm dying are the best I've ever had.
          D
I find it hard to tell you,
           Am
I find it hard to take,

           D
When people run in circles it's a very, very,
Am   D Am   D
Mad world,   mad world.

Verse 3

Am   C
   Children waiting for the day they feel good,

G   D   Am
Happy birthday, happy birth - day,

                           C
And I feel the way that every child should,

G   D   Am
Sit and listen, sit and list - en.

Verse 4

                           C
Went to school and I was very nervous

G   D
No one knew me, no one knew me.

Am   C
   Hello teacher tell me what's my lesson,

G   D
Look right through me, look right through me.

Chorus 2   As Chorus 1

Outro

Am   D
   Enlargen your world

Am   D
   Mad   world.

(Marie's The Name)
His Latest Flame

Words & Music by
Doc Pomus & Mort Shuman

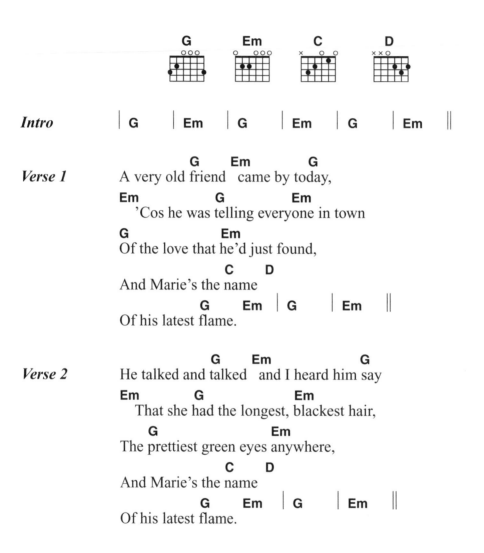

Intro | G | Em | G | Em | G | Em   ‖

Verse 1
          G   **Em**   **G**
A very old friend   came by today,
Em   **G**   **Em**
  'Cos he was telling everyone in town
G   **Em**
Of the love that he'd just found,
           C   **D**
And Marie's the name
         G   **Em** | **G** | **Em**   ‖
Of his latest flame.

Verse 2
          G   **Em**   **G**
He talked and talked   and I heard him say
Em   **G**   **Em**
  That she had the longest, blackest hair,
  G   **Em**
The prettiest green eyes anywhere,
         C   **D**
And Marie's the name
         G   **Em** | **G** | **Em**   ‖
Of his latest flame.

Bridge 1

D   C   D   C
Though I smiled the tears inside were burning,
  D   C   D   C
I wished him luck and then he said goodbye.
D   C   D   C
He was gone but still his words kept returning,
     D   C   G   Em | G | Em ||
What else was there for me to do but cry.

Verse 3

                          G   Em   G
Would you believe   that yesterday
Em   G   Em
   This girl was in my arms and swore to me
G   Em
She'd be mine eternally,
                  C   D
And Marie's the name
                G   Em | G | Em ||
Of his latest flame.

Bridge 2   As Bridge 1

Verse 4

                          G   Em   G
Would you believe   that yesterday
Em   G   Em
   This girl was in my arms and swore to me
G   Em
She'd be mine eternally,
                  C   D
And Marie's the name
                G   Em | G |
Of his latest flame.

Coda

   ||: Em   C   D
      Yeah Marie's the name
            G
Of his latest flame. :|| *Repeat to fade*

Massachusetts

Words & Music by
Barry Gibb, Maurice Gibb & Robin Gibb

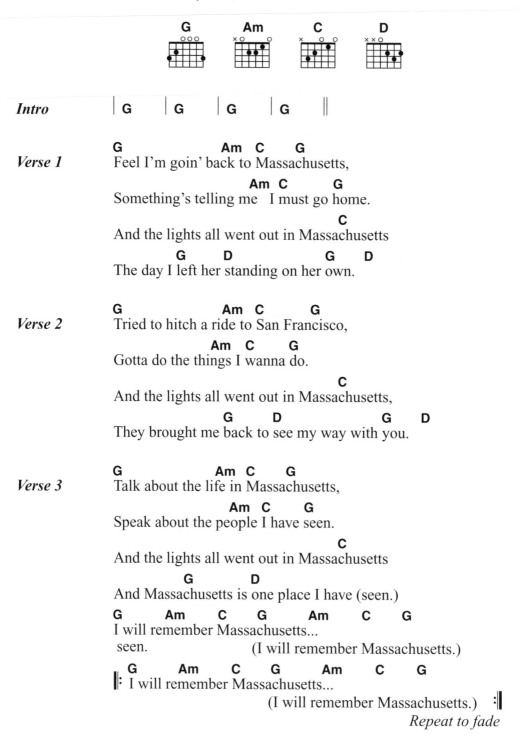

Intro | G | G | G | G ||

Verse 1
G   Am C   G
Feel I'm goin' back to Massachusetts,
                        Am C   G
Something's telling me   I must go home.
                                            C
And the lights all went out in Massachusetts
                    G   D   G   D
The day I left her standing on her own.

Verse 2
G   Am C   G
Tried to hitch a ride to San Francisco,
                    Am C   G
Gotta do the things I wanna do.
                                            C
And the lights all went out in Massachusetts,
                    G   D   G   D
They brought me back to see my way with you.

Verse 3
G   Am C   G
Talk about the life in Massachusetts,
                    Am C   G
Speak about the people I have seen.
                                            C
And the lights all went out in Massachusetts
                G   D
And Massachusetts is one place I have (seen.)
G   Am   C   G   Am   C   G
I will remember Massachusetts...
 seen.   (I will remember Massachusetts.)
  G   Am   C   G   Am   C   G
||: I will remember Massachusetts...
                        (I will remember Massachusetts.) :||
                                        Repeat to fade

Mr. Tambourine Man

Words & Music by
Bob Dylan

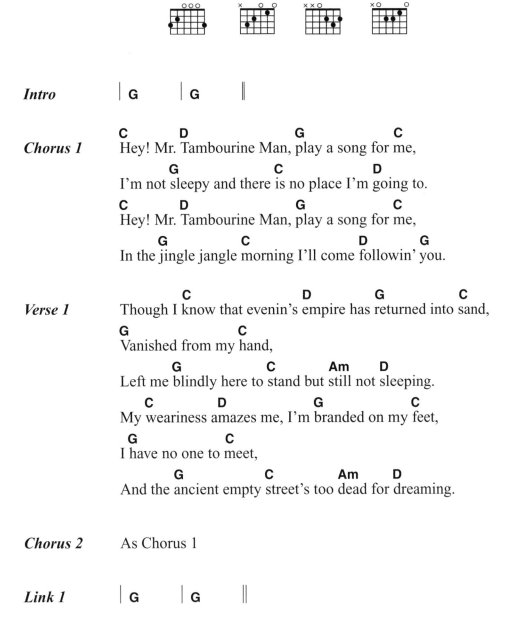

Intro | G | G   ‖

Chorus 1
C   D   G   C
Hey! Mr. Tambourine Man, play a song for me,
        G   C   D
I'm not sleepy and there is no place I'm going to.
C   D   G   C
Hey! Mr. Tambourine Man, play a song for me,
        G   C   D   G
In the jingle jangle morning I'll come followin' you.

Verse 1
              C   D   G   C
Though I know that evenin's empire has returned into sand,
G   C
Vanished from my hand,
          G   C   Am   D
Left me blindly here to stand but still not sleeping.
          C   D   G   C
My weariness amazes me, I'm branded on my feet,
     G   C
I have no one to meet,
          G   C   Am   D
And the ancient empty street's too dead for dreaming.

Chorus 2   As Chorus 1

Link 1 | G | G   ‖

Verse 2

    C   D   G   C
Take me on a trip upon your magic swirlin' ship,

     G   C   G   C
My senses have been stripped, my hands can't feel to grip,

     G   C   G   Am
My toes too numb to step, wait only for my boot heels

      D
To be wanderin'.

     C   D   G   C
I'm ready to go anywhere, I'm ready for to fade

    G   C   G   C
Into my own parade, cast your dancing spell my way,

    Am   D
I promise to go under it.

Chorus 3

    C   D   G   C
Hey! Mr. Tambourine Man, play a song for me,

      G   C   D
I'm not sleepy and there is no place I'm going to.

    C   D   G   C
Hey! Mr. Tambourine Man, play a song for me,

      G   C   D   G
In the jingle jangle morning I'll come followin' you.

Link 2 | G | G   ‖

Verse 3

              C   D
Though you might hear laughin', spinnin',

      G   C
Swingin' madly across the sun,

      G   C   G   C
It's not aimed at anyone, it's just escapin' on the run

      G   C   Am   D
And but for the sky there are no fences facin'.

     C   D   G   C
And if you hear vague traces of skippin' reels of rhyme

      G   C   G   C
To your tambourine in time, it's just a ragged clown behind,

       G   C   G
I wouldn't pay it any mind, it's just a shadow you're

Am   D
Seein' that he's chasing.

Chorus 4   As Chorus 3

Harmonica | C D | G C | G C | G C | G C |
Break

             | G C | G Am | D | C D | G C |

             | G C | G C | G Am | D G | G ||

                       C   D   G   C

Verse 4   Then take me disappearin' through the smoke rings of my mind,

                       G   C   G   C

             Down the foggy ruins of time, far past the frozen leaves,

                     G   C   G   C

             The haunted, frightened trees, out to the windy beach,

                   G   C   Am D

             Far from the twisted reach of crazy sorrow.

                      C   D   G

             Yes, to dance beneath the diamond sky with one hand waving free,

                     G   C   G   C

             Silhouetted by the sea, circled by the circus sands,

                     G   C   G   C

             With all memory and fate driven deep beneath the waves,

                     G   Am   D

             Let me forget about today until tomorrow.

Chorus 5   As Chorus 3

                                                  Fade

Coda | C D | G C | G C | G C | G C ||

Ms. Jackson

Words & Music by
André Benjamin, Antwan Patton & David Sheats

C   D   Em

Intro | C | C | C | D |

              | Em | Em | D | D   ‖

C

Chorus 1   I'm sorry Ms. Jackson

                    D

I am for real,

Em

Never meant to make your daughter cry

D

I apologize a trillion times.

C

    I'm sorry Ms. Jackson

               D

I am for real

Em

Never meant to make your daughter cry

D

I apologize a trillion times.

Link 1 | C | C | C | D |

              | Em | Em | D | D   ‖

Chorus 2   As Chorus 1

Verse 1

C
Me and your daughter

                          D
Got a special thing go - ing on

Em
You say it's puppy love

D
We say it's fully grown.

C
Hope that we feel this,

                   D
Feel this way forev - er

Em
You can plan a pretty picnic

         D
But you can't predict the weather.

Link 2

| C | C | C | D | | Em | Em | D | D | ‖
Can't predict the weather...

Chorus 3   As Chorus 1

Verse 2   As Verse 1

Outro

C
Hope that we feel this,

                   D
Feel this way forev - er,

Em
You can plan a pretty picnic

         D
But you can't predict the weather...

| C | C | C | D | | Em | Em | D | D | ‖
Can't predict the weather...

C
  I'm sorry Ms. Jackson...

Not Fade Away

Words & Music by
Charles Hardin & Norman Petty

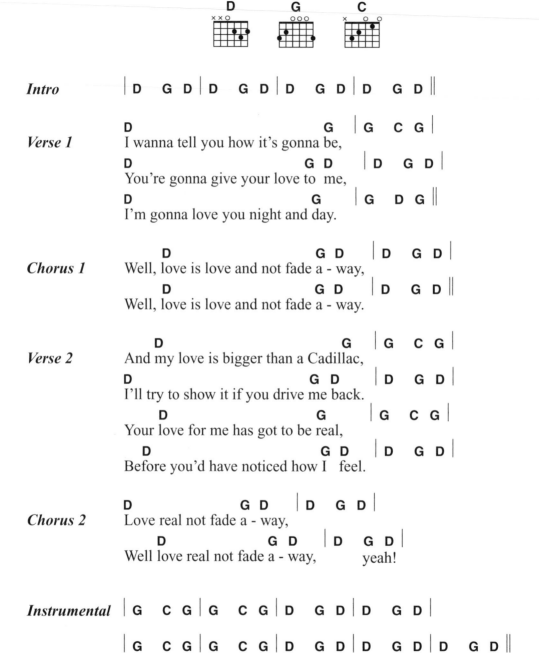

Intro | D   G   D | D   G   D | D   G   D | D   G   D ||

Verse 1

D   G | G   C   G |
I wanna tell you how it's gonna be,

D   G   D | D   G   D |
You're gonna give your love to me,

D   G | G   D   G ||
I'm gonna love you night and day.

Chorus 1

       D   G   D | D   G   D |
Well, love is love and not fade a - way,

       D   G   D | D   G   D ||
Well, love is love and not fade a - way.

Verse 2

       D   G | G   C   G |
And my love is bigger than a Cadillac,

D   G   D | D   G   D |
I'll try to show it if you drive me back.

       D   G | G   C   G |
Your love for me has got to be real,

       D   G   D | D   G   D |
Before you'd have noticed how I   feel.

Chorus 2

D   G   D | D   G   D |
Love real not fade a - way,

       D   G   D | D   G   D |
Well love real not fade a - way,   yeah!

Instrumental | G   C   G | G   C   G | D   G   D | D   G   D |

| G   C   G | G   C   G | D   G   D | D   G   D | D   G   D ||

Verse 3

```
D                              G   | G   C  G |
I wanna tell you how it's gonna be,
D                        G  D   | D   G  D |
You're gonna give your love to  me,
D                          G   | G   C  G ‖
Love that lasts more than one day.
```

Chorus 3

```
        D                  G  D   | D   G  D |
Well love is love and not fade a - way,
        D                  G  D   | D   G  D |
Well love is love and not fade a - way,
        G                 D   | G   D   |
Well love is love and not fade a - way,
        D     G            D   | D G D G D |
Well love is love and not fade a - way,
            G    D   G  D
Not fade away.
                  *Fade out*
```

Redemption Song

Words & Music by
Bob Marley

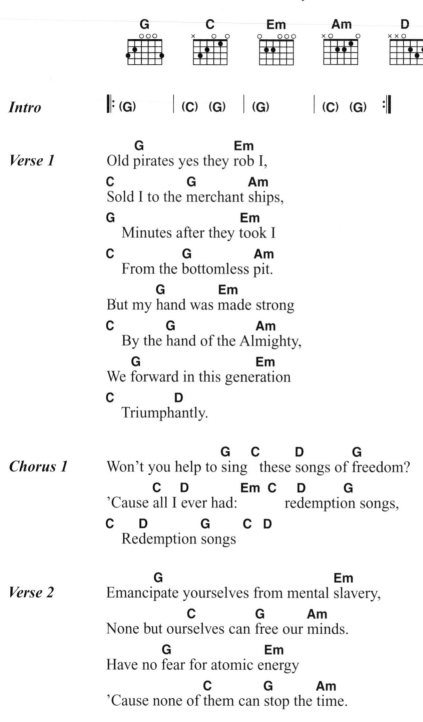

G	C	Em	Am	D

Intro ‖: (G) | (C) (G) | (G) | (C) (G) :‖

Verse 1
```
      G                 Em
Old pirates yes they rob I,
C          G          Am
Sold I to the merchant ships,
G                    Em
   Minutes after they took I
C          G          Am
   From the bottomless pit.
         G          Em
But my hand was made strong
C          G          Am
   By the hand of the Almighty,
   G                     Em
We forward in this generation
C          D
   Triumphantly.
```

Chorus 1
```
              G    C    D    G
Won't you help to sing   these songs of freedom?
       C    D      Em C   D    G
'Cause all I ever had:      redemption songs,
C    D      G     C   D
   Redemption songs
```

Verse 2
```
           G                        Em
Emancipate yourselves from mental slavery,
          C      G     Am
None but ourselves can free our minds.
          G             Em
Have no fear for atomic energy
          C      G      Am
'Cause none of them can stop the time.
```

cont.

```
             G                    Em
How long shall they kill our prophets
            C     G     Am
While we stand aside and look?
            G            Em
Some say it's just a part of it,
            C       G      D
We've got to fulfill the Book.
```

Chorus 2

```
                    G   C   D       G
Won't you help to sing  these songs of freedom?
          C   D   Em  C   D      G
'Cause all I ever had:  re - demption   songs,
   C   D       G       C  D      G      C  D
    Redemption  songs,  redemption  songs.
```

Solo

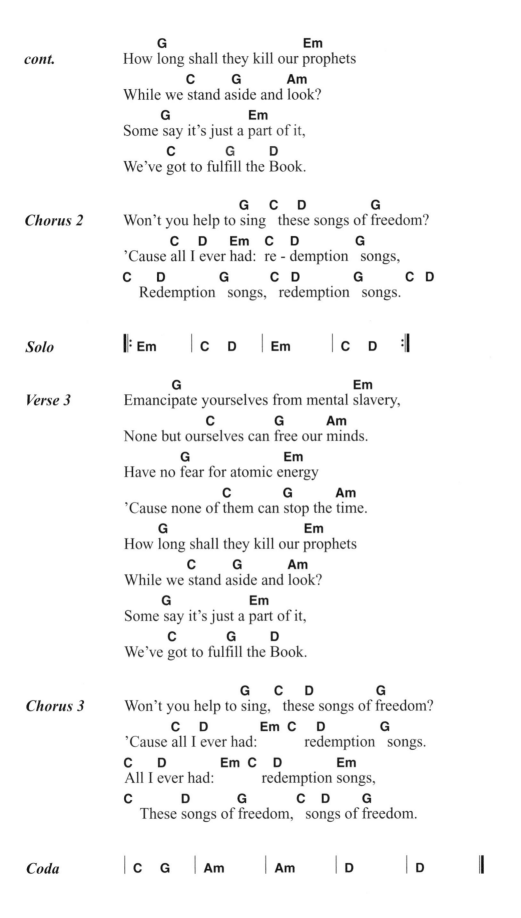

```
‖: Em      | C   D  | Em      | C   D  :‖
```

Verse 3

```
          G                       Em
Emancipate yourselves from mental slavery,
            C      G      Am
None but ourselves can free our minds.
            G           Em
Have no fear for atomic energy
              C      G      Am
'Cause none of them can stop the time.
            G                 Em
How long shall they kill our prophets
            C     G      Am
While we stand aside and look?
            G           Em
Some say it's just a part of it,
            C     G      D
We've got to fulfill the Book.
```

Chorus 3

```
                    G   C   D       G
Won't you help to sing,  these songs of freedom?
          C   D        Em  C   D      G
'Cause all I ever had:       redemption   songs.
   C    D       Em  C   D       Em
All I ever had:       redemption songs,
   C     D      G       C  D   G
    These songs of freedom,  songs of freedom.
```

Coda

```
| C  G | Am   | Am   | D    | D    ‖
```

Ring Of Fire

Words & Music by
Merle Kilgore & June Carter

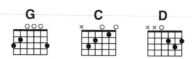

Verse 1

```
G       C       G     C G
Love is a burning thing, _____
            D       G   D G
And it makes a fir'y ring. _____
          C       G   C G
Bound by wild desires, _____
            D       G
I fell into a ring of fire.
```

Chorus 1

```
D         C               G
I fell into a burning ring of fire.
          D
I went down, down, down,
            C       G
And the flames went higher,
G
And it burns, burns, burns,
          D     G
The ring of fire,
          D     G
The ring of fire.
```

Verse 2

```
D G       C     G     C G
The taste of love is sweet, _____
                D   G   D G
When hearts like ours beat. _____
              C   G   C G
I fell for you like a child, _____
            D       G
Oh, but the fire went wild.
```

Chorus 2

```
D          C            G
```
I fell into a burning ring of fire.
```
           D
```
I went down, down, down,
```
          C            G
```
And the flames went higher,
```
D     G
```
And it burns, burns, burns,
```
         D     G
```
The ring of fire,
```
         D     G
```
The ring of fire.
```
D          G
```
   And it burns, burns, burns,
```
         D     G
```
The ring of fire,
```
         D     G
```
The ring of fire.

Outro

```
         D     G
```
‖: The ring of fire,
```
         D     G
```
The ring of fire. :‖ *Repeat to fade*

Run

Words & Music by
Gary Lightbody, Jonathan Quinn, Mark McClelland,
Nathan Connolly & Iain Archer

Em   C   D   G

Intro   ‖: Em C | D | Em C | D :‖

Verse 1
        Em   **C** **D**
I'll sing it one last time for   you
        Em   **C**   **D**
Then we really have to   go
           Em   **C**   **D**
You've been the only thing that's right
       Em **C** **D**
In all I've   done.

Verse 2
         Em   **C**   **D**
And I can barely look at you
         Em   **C** **D**
But every single time I   do
          Em   **C**   **D**
I know we'll make it an - y - where
       Em   **C** **D**
Away from   here.

Chorus 1
  G
   Light up, light up
     D
As if you have a choice
            Em
Even if you cannot hear my voice
           C
I'll be right beside you dear
G
   Louder, louder
         D
And we'll run for our lives
           Em
I can hardly speak I understand
               C
Why you can't raise your voice to say.

Link | Em C | D | Em C | D   ‖

Verse 3

      Em   C   D
To think I might not see those eyes
      Em   C   D
It makes it so hard not to   cry
      Em   C   D
And as we say our long good - byes
      Em   C   D
I nearly do.

Chorus 2   As Chorus 1

Chorus 3

     G
   Slower, slower
           D
We don't have time for that
                Em
All I want is to find an easier way
              C
To get out of our little heads.
     G
   Have heart my dear
           D
We're bound to be afraid
             Em
Even if it's just for a   few days
           C
Making up for all this mess.

Solo   ‖: G | G | C | C | Em | Em | C | C   :‖

Outro

     G
   Light up, light up
     C
As if you have a choice
               Em
Even if you cannot hear my voice
          D C | C | G ‖
I'll be right beside you dear.

Sail Away

Words & Music by
David Gray

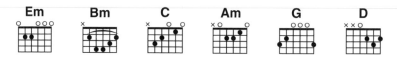

Capo fourth fret

Intro | Em | Em | Em | Em   ‖

Chorus 1

Em
Sail away with me honey,

Bm
I put my heart in your hands.

Em   **C   Am**
Sail away with me honey now, now, now.

Em   G
Sail away with me,

C   **Am**
What will be will be,

C   **D   Am**
I wanna hold you now, now, now. ___

Verse 1

G   **Bm**
Crazy skies all wild above me now,

G   **Bm**
Winter howling at my face.

G   **Bm**
And everything I held so dear

Em   **D**
Disappeared without a trace.

G   **Bm**
Though all the times I've tasted love,

G   **Bm**
Never knew quite what I had.

G   **Bm**
Little darling if you hear me now,

Em   **D**
Never needed you so bad.

C   **Am**
Spinning 'round inside my head.

Chorus 2   As Chorus 1

Verse 2

G   Bm
I've been talking drunken gibberish

G   Bm
Falling in and out of bars,

G   Bm
Trying to get some explanation here

Em   D
For the way some people are;

C   Am
How did it ever come so far?

Chorus 3   As Chorus 1

Chorus 4   As Chorus 1

Chorus 4

Em
Sail away with me honey,

Bm
I put my heart in your hands.

Em   C   Am
You'll break me up if you put me down, woh. _____

Em   G
Sail away with me,

C   Am
What will be will be.

C   D   Am
I wanna hold you now, now, now.

Coda

Em	Bm	Em	C Am
Em G	C Am	C	D Am
Em	Em	Em	Em

She Sells Sanctuary

Words & Music by
Ian Astbury & William Duffy

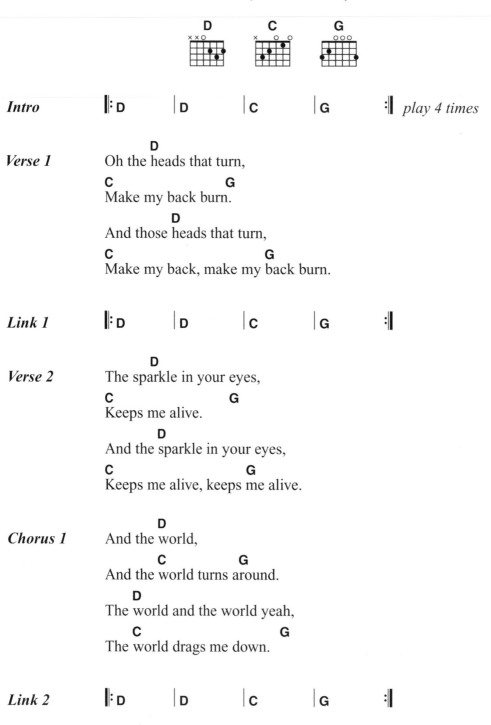

Intro ‖: D | D | C | G :‖ *play 4 times*

Verse 1

D
Oh the heads that turn,
C   G
Make my back burn.
D
And those heads that turn,
C   G
Make my back, make my back burn.

Link 1 ‖: D | D | C | G :‖

Verse 2

D
The sparkle in your eyes,
C   G
Keeps me alive.
D
And the sparkle in your eyes,
C   G
Keeps me alive, keeps me alive.

Chorus 1

D
And the world,
C   G
And the world turns around.
D
The world and the world yeah,
C   G
The world drags me down.

Link 2 ‖: D | D | C | G :‖

Verse 3

         D
Well the heads that turn,

C   **G**
Make my back burn.

          D
And those heads that turn,

C   **G**
Make my back, make my back burn,   yeah.

Link 3   ‖: **D** | **D** | **C** | **G**   :‖

Verse 4

       D
The fire in your eyes,

C   **G**
Keeps me alive.

        D
And the fire in your eyes,

C   **G**
Keeps me alive.

Verse 5

       D
I'm sure in her you'll find,

     C   **G**
The sanctuary.

       D
I'm sure in her you'll find,

     C   **G**
The sanctuary.

Chorus 2   As Chorus 1

Chorus 3

        D
And the world, and the world, and the world,

     C   **G**
The world drags me down.

        D
And the world, and the world,

And the world, and the world,

C   **G**
  The world drags me down.

Link 4   𝄆 D | D | D | D   𝄇

        | D | D | C | G   ‖

Chorus 4

          D
And the world,
         C   **G**
And the world turns around.
        D
The world and the world yeah,
       C   **G**
The world drags me down.

Chorus 5   As Chorus 4

Outro   𝄆 D | D | C | G   𝄇

        | 𝄐
        | D   ‖

Staying Out For The Summer

Words & Music by
Nigel Clark, Mathew Priest & Andy Miller

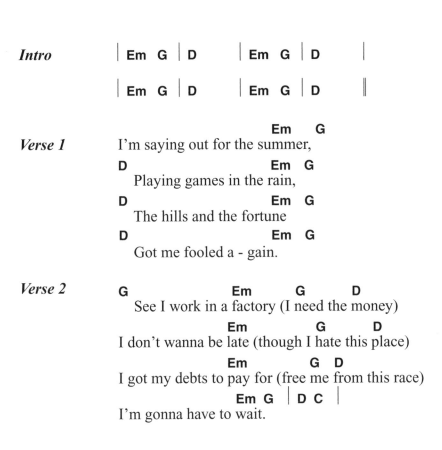

Intro

| Em G | D | Em G | D |
| Em G | D | Em G | D |

Verse 1

                                       Em   **G**
I'm saying out for the summer,
D   **Em**   **G**
    Playing games in the rain,
D   **Em**   **G**
    The hills and the fortune
D   **Em**   **G**
    Got me fooled a - gain.

Verse 2

G   **Em**   **G**   **D**
    See I work in a factory (I need the money)
                      Em   **G**   **D**
I don't wanna be late (though I hate this place)
                    Em   **G** **D**
I got my debts to pay for (free me from this race)
                  Em **G** | **D C** |
I'm gonna have to wait.

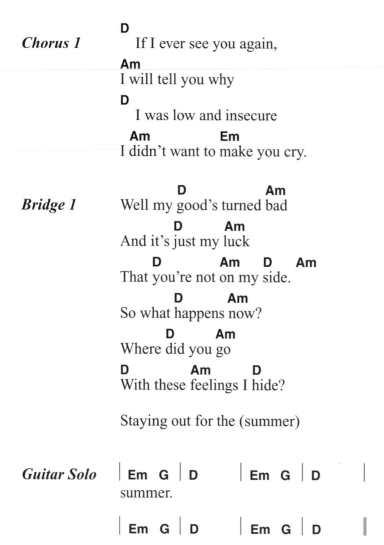

Chorus 1

D
  If I ever see you again,

Am
I will tell you why

D
  I was low and insecure

Am   **Em**
I didn't want to make you cry.

Bridge 1

        D   **Am**
Well my good's turned bad

        D   **Am**
And it's just my luck

     D   **Am**   **D**   **Am**
That you're not on my side.

       D   **Am**
So what happens now?

       D   **Am**
Where did you go

D   **Am**   **D**
With these feelings I hide?

Staying out for the (summer)

Guitar Solo

| **Em** G | **D** | | **Em** G | **D** | |

summer.

| **Em** G | **D** | | **Em** G | **D** | ‖

88

Verse 3
                        Em   G
         I've had enough of lining
         D   **Em   G**
            These pockets I've never met.
         D   **Em   G**
            They've got me working all hours,
         D   **Em G** | **D C** |
            I ain't gained nothing yet.

                        D
Chorus 2   If I ever see you again,
         Am
         I will tell you why
         D
            I was low and insecure
           Am   **Em**
         I didn't want to make you cry.

Bridge 2   As Bridge 1

Verse 4   As Verse 1

                                Em   G D
Outro   I'm staying out for the summer,
                                Em   G D
         I'm staying out for the summer,
                                Em   G D
         I'm staying out for the summer.

         | **Em   G** | **D**   ‖ *Ad lib. to end*

Songbird

Words & Music by
Liam Gallagher

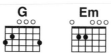

Intro

Spoken: Three four.

| G | G |

Verse 1

    G
     Talking to the songbird yesterday

                            Em
Flew me to a place not far a - way.

She's a little pilot in my mind,

                       Em   **G**
Singing songs of love to pass the time.

Chorus 1

    G
     Gonna write a song so she can see,

                   G   **Em**
Give her all the love she gives to me.

Talk of better days that have yet to come

                   Em   **G**
Never felt this love from anyone.____

She's not any - one,

          G   **Em**
She's not anyone.____

                Em
She's not anyone.

Verse 2

G
    A man can never dream these kind of things
                             G   **Em**
Especially when she came and spread her wings.

Whispered in my ear the things I'd like
                      Em **G**
Then she flew away in - to the night.

Chorus 2   Gonna write a song so she can see,
                             G   **Em**
Give her all the love she gives to me.

Talk of better days that have yet to come
                      Em   **G**
Never felt this love from anyone.

She's not anyone,
          G   **Em**
She's not any - one.____

She's not anyone.

Instrumental

G	G	G	G	G	
Em	Em	Em	Em	Em	
G	G	G	G	G	
Em	Em	Em	Em	Em	G

Sweetest Thing

Words & Music by
U2

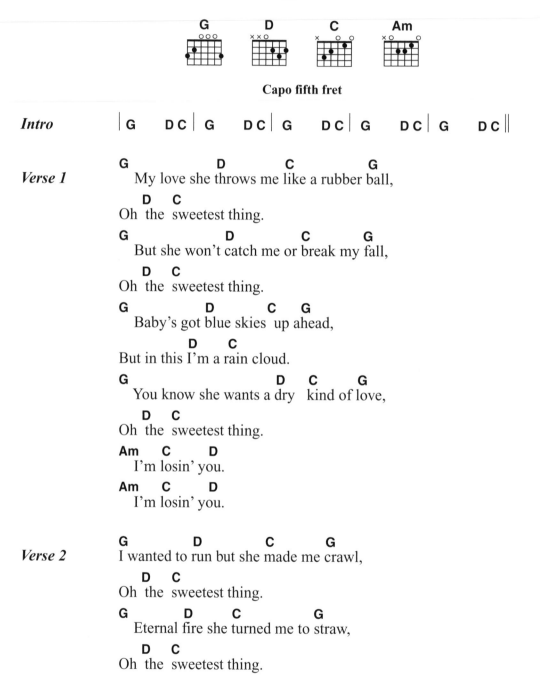

G   D   C   Am

Capo fifth fret

Intro |G   DC| G   DC| G   DC| G   DC| G   DC||

Verse 1

G   D   C   G
  My love she throws me like a rubber ball,

  D   C
Oh the sweetest thing.

G   D   C   G
  But she won't catch me or break my fall,

  D   C
Oh the sweetest thing.

G   D   C   G
  Baby's got blue skies up ahead,

        D   C
But in this I'm a rain cloud.

G   D   C   G
  You know she wants a dry   kind of love,

  D   C
Oh the sweetest thing.

Am   C   D
  I'm losin' you.

Am   C   D
  I'm losin' you.

Verse 2

G   D   C   G
I wanted to run but she made me crawl,

  D   C
Oh the sweetest thing.

G   D   C   G
Eternal fire she turned me to straw,

  D   C
Oh the sweetest thing.

cont.

G   D   C
  I know I got black eyes,

               G   D   C
But they burn so brightly for her.

G   D   C   G
  I guess it's a blind kind of love.

     D   C
Oh the sweetest thing.

Bm   C   D
  I'm losin' you, whoa,

Bm   C   D
I'm   losin' you.

                  C
Ain't love the sweetest thing?

Ain't love the sweetest thing?

Instrumental ‖: G   D C | G   D C | G   D C :‖

Verse 3

G   D   C   G
  Blue eyed boy to brown eyed girl,

     D   C
Oh the sweetest thing.

G   D   C   G
  You can set it up, but you still see the tear,

     D   C
Oh the sweetest thing.

G   D   C G
  Baby's got blue skies up ahead,

         D   C
But in this I'm a rain cloud,

G   D   C   G
  Ours is a stormy kind of love,

     D   C
Oh the sweetest thing.

Outro

  ‖: G   C
  Do do do do, do do do do,

G   C
Do, do do do do do do do. :‖

G   C
Do do do do, do the sweetest thing.

G   C   G
Do do do do, do the sweetest thing.

Step On My Old Size Nines

Words & Music by
Kelly Jones

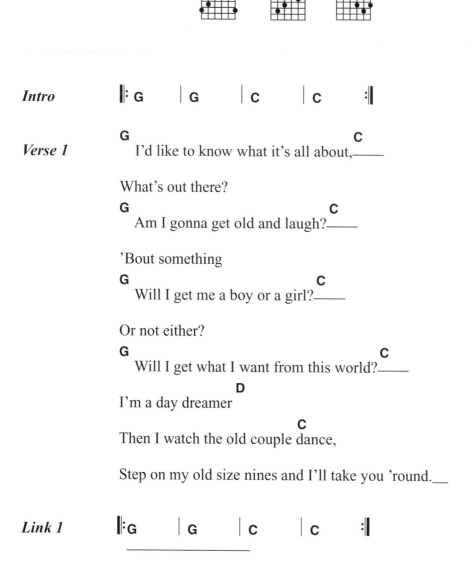

Intro   ‖: G | G | C | C :‖

Verse 1

    G   C
I'd like to know what it's all about,——

What's out there?

    G   C
Am I gonna get old and laugh?——

'Bout something

    G   C
Will I get me a boy or a girl?——

Or not either?

    G   C
Will I get what I want from this world?——

                 D
I'm a day dreamer

                      C
Then I watch the old couple dance,

Step on my old size nines and I'll take you 'round.__

Link 1   ‖: G | G | C | C :‖

Verse 3

G   C
I'd like to know what you're all about——

What's up there?
G   C
Are you gonna get old and laugh?——

Without a care
G   C
Will you get you a boy or a girl——

Or not either?
G   C
Will you get what you want from this world?——

         D
A day dreamer?

             C
Then I watch the old couple dance

Step on my old size nines and I'll take you 'round.

Link 2 ‖: G | G | C | C :‖

Guitar Solo ‖: D C | C | D C | C |

       | D C | C | G | G :‖

Verse 3

G   C
I'd love to know what we're all about——

We all have done
G   C
  Am I gonna get old and laugh?——

With someone?
G   C
  Think I'll get me a boy and a girl——

Or not either?
G   C
  Will I get what I want from this world?——

                         D
I'm a daydreamer,

                                   C
Then I watch the old couple dance,
N.C. |G |G |C |C |
Step on my old size nines and I'll take you 'round————
              | G | G | C | C |
Around————
              | G | G | C | C |
Around————
              | G | G | C | C |
Around————
              | G | G | C | C |
Around————
              | G | G | C | C |
Around————
  G   C
Around and round and round

                           G
And round and round around and round

   C
And round and round.

Outro   ‖:D | C | D | C | D | C | G | G   :‖
               ⌢
           | G   ‖

96

That's Entertainment

Words & Music by
Paul Weller

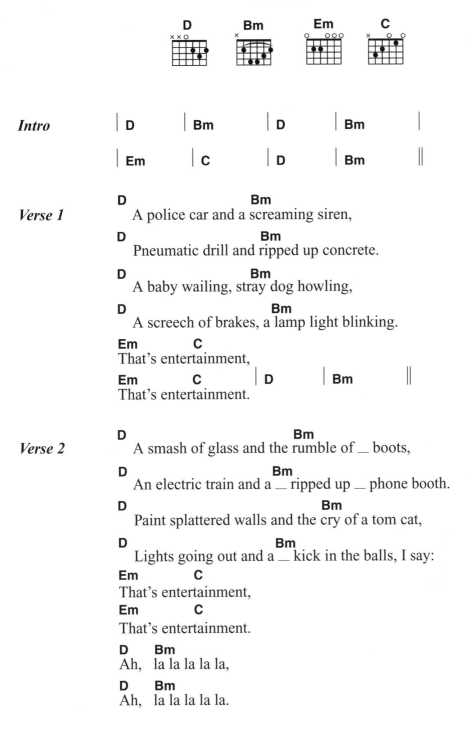

Intro

| D | Bm | D | Bm |
| Em | C | D | Bm |

Verse 1

D   Bm
A police car and a screaming siren,

D   Bm
Pneumatic drill and ripped up concrete.

D   Bm
A baby wailing, stray dog howling,

D   Bm
A screech of brakes, a lamp light blinking.

Em   C
That's entertainment,

Em   C | D | Bm   ‖
That's entertainment.

Verse 2

D   Bm
A smash of glass and the rumble of _ boots,

D   Bm
An electric train and a _ ripped up _ phone booth.

D   Bm
Paint splattered walls and the cry of a tom cat,

D   Bm
Lights going out and a _ kick in the balls, I say:

Em   C
That's entertainment,

Em   C
That's entertainment.

D   Bm
Ah,   la la la la la,

D   Bm
Ah,   la la la la la.

Verse 3

D   Bm
Days of speed and slow time Mondays,

D   Bm
Pissing down with rain on a boring Wednesday.

D   Bm
Watching the news and not eating your tea,

D   Bm
A freezing cold flat and damp on the walls, I say:

Em   C
That's entertainment,

Em   C | D | Bm |
That's entertainment.

D | Bm
        La la la la la,

D | Bm
        La la la la la.

Verse 4

D   Bm
Waking up at six a.m. on a cool warm morning,

D   Bm
Opening the windows and breathing in petrol.

D   Bm
An amateur band rehearsing in a nearby yard,

D   Bm
Watching the telly and thinking about your holidays.

Em   C
That's entertainment,

Em   C
That's entertainment.

D   Bm
Ah, la la la la la,

D   Bm
Ah, la la la la la,

D   Bm
Ah, la la la la la,

Em   C
Ah, la la la la la.

| D | Bm ||

Verse 5

D   Bm
Waking up from bad dreams and smoking cigarettes.

D   Bm
Cuddling a warm girl and smelling stale perfume.

D   Bm
A hot summer's day and sticky black tarmac,

D   Bm
Feeding ducks in the park and wishing you were far away.

Em   C
That's entertainment,

Em   C | D | Bm ||
That's entertainment.

Verse 6

D   Bm
Two lovers kissing amongst the screams of midnight,

D   Bm
Two lovers missing the tranquility of solitude.

D   Bm
Getting a cab and travelling on buses,

D   Bm
Reading the graffiti about slashed seat affairs, I say:

Em   C
That's entertainment,

Em   C
That's entertainment.

Outro

||: D   Bm
Ah,   la la la la la,

D   Bm
Ah,   la la la la la,

D   Bm
Ah,   la la la la la,

Em C   Bm
Ah,   la la la la la.   :|| *Repeat to fade*

Take It Easy

Words & Music by
Jackson Browne & Glenn Frey

G   C   D   Em   Am

Tune guitar slightly flat

Intro
‖: G | G | C | D :‖ G | G ‖

Verse 1

             G
Well I'm a-runnin' down the road tryin' to loosen my load,
                  D   C
I've got seven women on my mind.
G   D
Four that wanna own me, two that wanna stone me,
  C   G
One says she's a friend of mine.

Chorus 1

          Em   C   G
Take it easy, take it ea - sy,
                Am   C   Em
Don't let the sound of your own wheels drive you crazy.
        C   G   C   G
Lighten up while you still can, don't even try to understand,
        Am   C   G
Just find a place to make your stand and take it easy.

| G | G ‖

Verse 2

             G
Well I'm a-standin' on a corner in Winslow, Arizona,
                  D   C
And such a fine sight to see;
        G   D
It's a girl, my Lord, in a flat-bed Ford,
       C   G
Slowin' down to take a look at me.

Chorus 2

      Em D   C G
Come on, baby, don't say may - be,

     Am   C   Em
I gotta know if your sweet love is gonna save me.

        C   G   C   G
We may lose and we may win, though we will never be here again,

     Am   C
So open up, I'm climbin' in,

       G
So take it easy.

Instrumental | G | G | G D | C | G | D | C | G |
| Em | D | C | G | Am | C | Em | Em D ‖

Verse 3

        G
Well, I'm a-runnin' down the road, tryin' to loosen my load,

            D Am
Got a world of trouble on my mind.

     G   D
Lookin' for a lover who won't blow my cover,

      C   G
She's so hard to find.

Chorus 3

      Em   C G
Take it easy, take it ea - sy,

       Am   C   Em
Don't let the sound of your own wheels make you crazy.

        C G   C G
Come on, ba - by, don't say may - be,

     Am   C
I gotta know if your sweet love

       G
Is gonna save me.

Outro ‖: C | C | G | G :‖ *Play 4 times*
  With vocal ad lib.

| C | C | Em ‖

Talihina Sky

Words & Music by
Caleb Followill, Nathan Followill & Angelo Petraglia

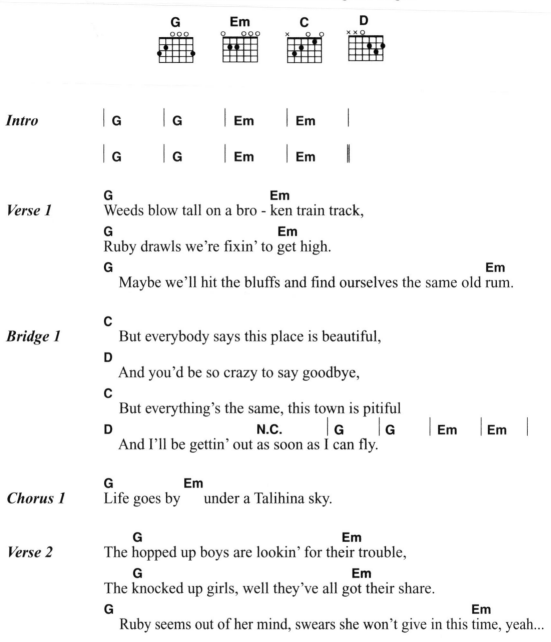

Intro

| G | G | Em | Em |

| G | G | Em | Em |

Verse 1

G
Weeds blow tall on a bro - ken train track,
G   Em
Ruby drawls we're fixin' to get high.
G   Em
    Maybe we'll hit the bluffs and find ourselves the same old rum.

Bridge 1

C
    But everybody says this place is beautiful,
D
    And you'd be so crazy to say goodbye,
C
    But everything's the same, this town is pitiful
D   N.C. | G | G | Em | Em |
    And I'll be gettin' out as soon as I can fly.

Chorus 1

G   Em
Life goes by   under a Talihina sky.

Verse 2

        G   Em
The hopped up boys are lookin' for their trouble,
        G   Em
The knocked up girls, well they've all got their share.
G   Em
    Ruby seems out of her mind, swears she won't give in this time, yeah...

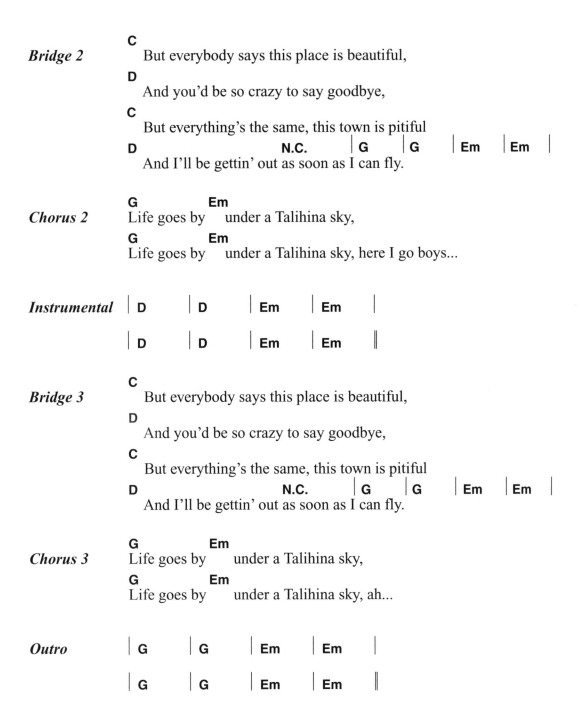

Bridge 2

C
But everybody says this place is beautiful,

D
And you'd be so crazy to say goodbye,

C
But everything's the same, this town is pitiful

D   **N.C.** | **G** | **G** | **Em** | **Em** |
And I'll be gettin' out as soon as I can fly.

Chorus 2

G   **Em**
Life goes by   under a Talihina sky,

G   **Em**
Life goes by   under a Talihina sky, here I go boys...

Instrumental | **D** | **D** | **Em** | **Em** |

                 | **D** | **D** | **Em** | **Em**   ‖

Bridge 3

C
But everybody says this place is beautiful,

D
And you'd be so crazy to say goodbye,

C
But everything's the same, this town is pitiful

D   **N.C.** | **G** | **G** | **Em** | **Em** |
And I'll be gettin' out as soon as I can fly.

Chorus 3

G   **Em**
Life goes by   under a Talihina sky,

G   **Em**
Life goes by   under a Talihina sky, ah...

Outro | **G** | **G** | **Em** | **Em** |

                 | **G** | **G** | **Em** | **Em**   ‖

The Boxer

Words & Music by
Paul Simon

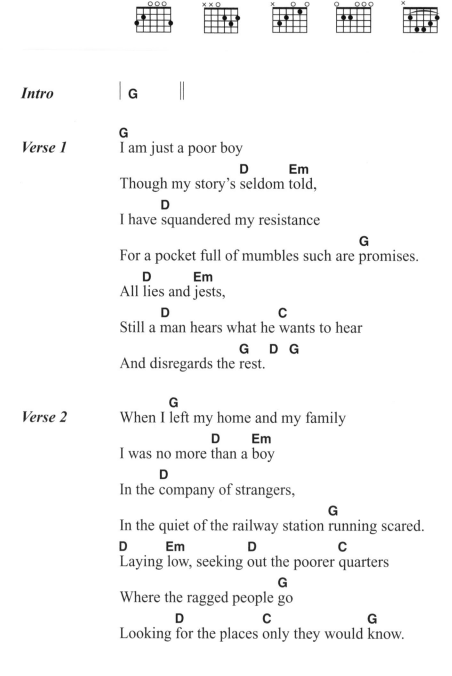

Intro | G   ‖

Verse 1

G
I am just a poor boy
                                          D   Em
Though my story's seldom told,
                 D
I have squandered my resistance
                                                   G
For a pocket full of mumbles such are promises.
          D   Em
All lies and jests,
          D   C
Still a man hears what he wants to hear
                            G   D   G
And disregards the rest.

Verse 2

            G
When I left my home and my family
                     D   Em
I was no more than a boy
            D
In the company of strangers,
                                         G
In the quiet of the railway station running scared.
D   Em   D   C
Laying low, seeking out the poorer quarters
                        G
Where the ragged people go
           D   C   G
Looking for the places only they would know.

Chorus 1

      Em   **Bm**
Lie la lie, lie la lie lie, lie la lie,

      Em
Lie la lie,

    D   **G**
Lie la lie la lie la lie la la la la lie.

Verse 3

     G
Asking only workman's wages

        D   **Em**
I come looking for a job

     D
But I get no offers,

                         G
Just a come-on from the whores on Seventh Avenue.

D   **Em**   **D**   **C**
I do declare, there were times when I was so lonesome

              G   **D**   **G**
I took some comfort there, la la la la la la.

Link

| **G** | | **G D Em** | **D** | | **D** | | **G** | |

| **G D Em** | **D C** | **C G** | **D C** | **G** | |

Chorus 2   As Chorus 1

Verse 4

     G
Then I'm laying out my winter clothes

        D   **Em**
And wishing I was gone,

     D
Going home

                       G
Where the New York City winters aren't bleeding me,

Bm   **Em**   **D**   **G**
  Bleeding me,_____ going home.

         G
Asking only workman's wages

       D   **Em**
I come looking for a job

     D
But I get no offers,

                                  G
Just a come-on from the whores on Seventh Avenue.

D   **Em**   **D**   **C**
I do declare, there were times when I was so lonesome

                 G   **D**   **G**
I took some comfort there, la la la la la la.

Link | G | G D Em | D | D | G |

          | G D Em | D C | C G | D C | G ||

Chorus 3

         Em   **Bm**
Lie la lie, lie la lie lie, lie la lie,

         Em
Lie la lie,

       D   **G**
Lie la lie la lie la lie la la la la lie.

Verse 4

           G
Then I'm laying out my winter clothes

           D   **Em**
And wishing I was gone,

       D
Going home

                          G
Where the New York City winters aren't bleeding me,

Bm   **Em**   **D**   **G**
  Bleeding me,_____ going home.

Verse 5

G
In the clearing stands a boxer

         D   Em
And a fighter by his trade,

       D
And he carries the reminders

Of ev'ry glove that laid him down

     G
Or cut him till he cried out

        D   Em
In his anger and his shame,

      D   C
'I am leaving, I am leaving'

                  G   D C G
But the fighter still remains.

Chorus 4

        Em   Bm
‖: Lie la lie, lie la lie lie, lie la lie

      Em
Lie la lie,

      D   Em
Lie la lie la lie la lie la la la la lie. :‖ *Play 7 times*

Chorus 5

      Em   Bm
Lie la lie, lie la lie lie, lie la lie

      Em
Lie la lie,

      D   G
Lie la lie la lie la lie la la la la lie.

Coda

| G | G D Em | D | D | G | |

| G D Em | D C | C G | D C | G | ‖

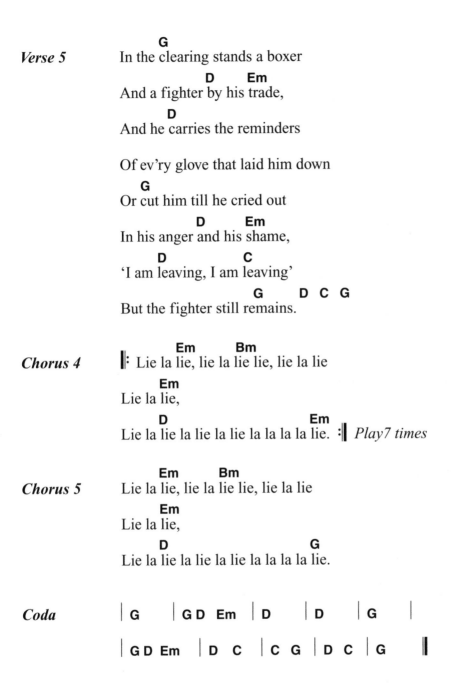

107

The Universal

Words & Music by
Damon Albarn, Graham Coxon, Alex James & David Rowntree

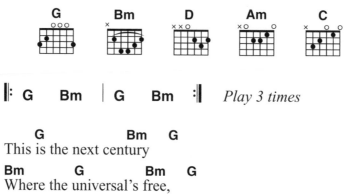

Intro ‖: G   Bm | G   Bm :‖ *Play 3 times*

Verse 1
```
      G              Bm   G
This is the next century
Bm        G         Bm   G
Where the universal's free,
Bm        D         Am
You can find it anywhere,
D           Am
Yes the future's been sold.
G                   Bm   G
Every night we're gone,
Bm    G     Bm   G
And to karaoke songs
Bm       G          Am
How we like to sing along,
D
'Though the words are wrong.
```

Chorus 1
```
      G                      C
It really, really, really could happen,
      G                        C
Yes it really, really, really could happen.
          Bm
When the days they seem to fall through you,
      C          Am   D
Well just let them go.
```

Instrumental ‖: G   Bm | G   Bm :‖

Verse 2

       G   **Bm** **G**
No one here is alone,

Bm **G**   **Bm** **G**
Satellites in every home,

Bm   **D**   **Am**
Yes the universal's here,

D
Here for everyone.

| **G** | **Bm** | **G** | **Bm** |

        G   **Bm** **G**
Every paper that you read

Bm   **D**   **Am**
Says tomorrow's your lucky day,

D
Well here's your lucky day.

Chorus 2   As Chorus 1

Chorus 3   As Chorus 1

Instrumental 𝄆 **G** | **C** | **G** | **C** |

         | **Bm** | **C** | **Am** | **D** | 𝄇

Coda | **D** | **D** | **G** | 𝄂

There Is A Light That Never Goes Out

Words by Morrissey
Music by Johnny Marr

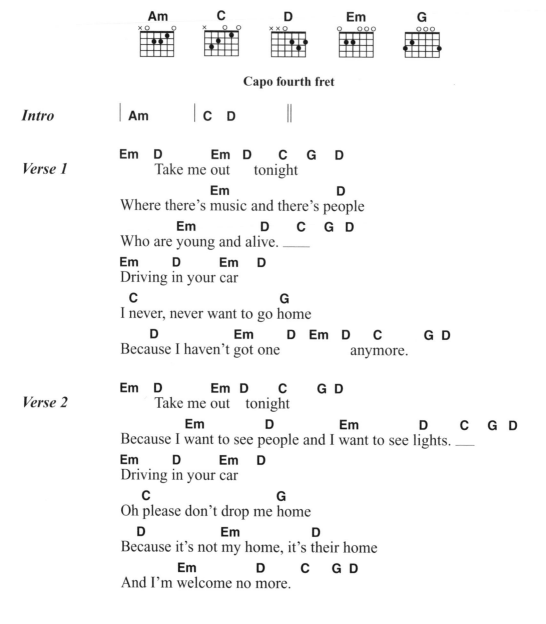

Capo fourth fret

Intro | Am | C D   ‖

Verse 1
Em D   Em D   C G   D
    Take me out   tonight
            Em   D
Where there's music and there's people
           Em   D C G D
Who are young and alive. ____
Em   D   Em   D
Driving in your car
  C   G
I never, never want to go home
    D   Em   D Em D C   G D
Because I haven't got one   anymore.

Verse 2
Em D   Em D   C   G D
    Take me out   tonight
           Em   D   Em   D C G D
Because I want to see people and I want to see lights. ____
Em   D   Em   D
Driving in your car
  C   G
Oh please don't drop me home
    D   Em   D
Because it's not my home, it's their home
          Em   D C G D
And I'm welcome no more.

Chorus 1

```
        Am  C        D   G          Em  C
           And if a double-decker bus   crashes into us
    D          G                    C              Am
        To die by your side is such a heavenly way to die.
               G       Em   C
    And if a ten-ton truck,   kills the both of us
    D          G                    C                    Am
        To die by your side; well the pleasure, the privilege is mine.
```

Verse 3

```
    Em  D        Em  D   C   G
        Take me out      tonight
    D        Em                   D
    Take me anywhere, I don't care,
             Em          D   C  G  D
    I don't care, I don't care.
                   Em        D   Em   D
    And in the darkened underpass I thought
           C                              G  D
    "Oh God, my chance has come at last," ____
               Em           D
    But then a strange fear gripped me
           Em          D   C  G  D
    And I just couldn't ask.
```

Verse 4

```
    Em  D        Em  D   C
        Take me out      tonight,
    G    D     Em                    D
        Oh take me anywhere, I don't care,
             Em          D   C  G  D
    I don't care, I don't care. _____
    Em    D     Em     D
    Driving in your car
       C                        G
    I never, never want to go home
           D          Em      D         Em
    Because I haven't got one, oh-del dum,
    D        C        G  D
    Oh I haven't got one.
```

Chorus 2   As Chorus 1

Coda

```
            Em     D        Em        D
    ‖: Oh, there is a light and it never goes out,
    C                    G         D
    There is a light and it never goes out.   :‖   Play 4 times
```

```
    ‖: Em  D   |  Em  D   |  C          |  G    D   :‖   Repeat to fade
```

111

Two Princes

Words & Music by
Chris Barron, Eric Schenkman, Mark White & Aaron Comess

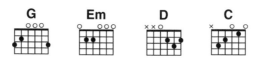

Capo second fret

Intro   1 bar drums ‖: G Em | D C | G Em | D C :‖

Verse 1

G   Em   D
One, two princes kneel before you,
          C
That's what I said, now.
G   Em   D
Princes, Princes, who adore you,
          C
Just go ahead, now.
G   Em   D
One has diamonds in his pocket
          C
And that's some bread now,
G   Em   D
This one said he wants to buy you rockets,
          C
Ain't in his head, now.

Link 1 | G Em | D C | G Em | D C |

Verse 2

G   Em   D
This one, he got a princely racket,
          C
That's what I said, now.
G   Em   D
Got some big seal upon his jacket,
          C
Ain't in his head, now.
     G   Em   D
You marry him, your father will condone you,

cont.

C
How 'bout that, now?

   G   Em   D
You marry me, your father will disown you,

   C
He'll eat his hat, now.

Pre-chorus 1

C
Marry him or marry me,

G
I'm the one that loves you baby can't you see?

   C
I ain't got no future or a family tree,

   D
But I know what a prince and lover ought to be,

I know what a prince and lover ought to be.

Chorus 1

   G   Em   D
Said, if you want to call me baby,

   C
Just go ahead, now.

   G   Em   D
An' if you'd like to tell me maybe,

   C
Just go ahead, now.

   G   Em   D
And if you wanna buy me flowers

   C
Just go ahead, now.

   G   Em   D
And if you like to talk for hours

   C
Just go ahead, now.

Guitar Solo   ‖: G Em | D C | G Em | D C :‖ C | G | C | D | D | D |

Verse 3   As Verse 1

Pre-chorus 2   As Pre-chorus 1

113

Chorus 2

       G   N.C.

Said, if you want to call me baby,

Just go ahead, now.

An' if you'd like to tell me maybe,

Just go ahead, now.

And if you wanna buy me flowers,

Just go ahead, now.

And if you like to talk for hours,

Just go ahead, now.

Chorus 3

       G   Em   D

Said, if you want to call me baby,

      C

Just go ahead, now.

      G   D

An' if you'd like to tell me maybe,

      C

Just go ahead, now.

      G   Em   D

And if you like to buy me flowers,

      C

Just go ahead, now.

      G   Em   D

And if you like to talk for hours

      C

Just go ahead, now.

Chorus 4   ‖: As Chorus 1 :‖   *Repeat to fade w/ad lib vocals*

You Can Call Me Al

Words & Music by
Paul Simon

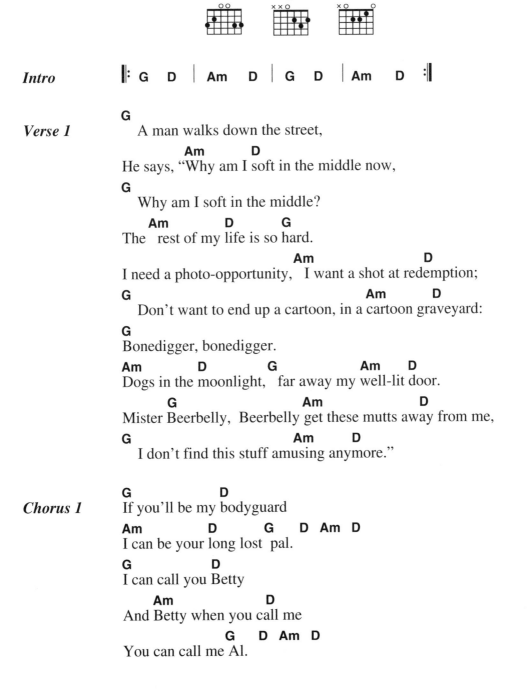

Intro ‖: G D | Am D | G D | Am D :‖

Verse 1

G
A man walks down the street,
  Am D
He says, "Why am I soft in the middle now,
G
Why am I soft in the middle?
 Am D G
The rest of my life is so hard.
      Am   D
I need a photo-opportunity, I want a shot at redemption;
G   Am D
 Don't want to end up a cartoon, in a cartoon graveyard:
G
Bonedigger, bonedigger.
Am D G   Am D
Dogs in the moonlight, far away my well-lit door.
   G   Am   D
Mister Beerbelly, Beerbelly get these mutts away from me,
G   Am D
 I don't find this stuff amusing anymore."

Chorus 1

G   D
If you'll be my bodyguard
Am   D G D Am D
I can be your long lost pal.
G   D
I can call you Betty
  Am   D
And Betty when you call me
      G D Am D
You can call me Al.

Verse 2

    G
A man walks down the street,

        Am   **D**
He says, "Why am I short of attention?

      G   **Am**   **D**   **G**
Got a   short little span of attention and   oh my nights are so long.

Where's my wife and family?
Am   **D**   **G**
  What if I die here?   Who'll be my role-model
Am   **D**   **G**
  Now that my role-model is gone, gone."
    Am   **D**
He ducked back down the alley
        G   **Am**   **D**
With some   roly-poly little bat-faced girl.
      G   **Am**   **D**
All along, along there were incidents and accidents,
      G   **Am** **D**
There were   hints and allegations.

Chorus 2

G   **D**
If you'll be my bodyguard
Am   **D**   **G**   **D Am D**
I can be your long lost pal.
G   **D**
I can call you Betty
    Am   **D**
And Betty when you call me
       G **D Am** **D**   **G**
You can call me Al,   call me Al.

Instrumental ‖: **G** | **Am**   **D** | **G** | **Am**   **D** :‖ *Play 4 times*

‖: **G** **D** | **Am**   **D** | **G** **D** | **Am**   **D** :‖

Verse 3

G   **Am**   **D**
  A man walks down the street: It's a street in a strange world.
G   **Am**   **D**   **G**
  Maybe it's the Third World,   maybe it's his first time around,
                           Am   **D**
Doesn't speak the language, he   holds no currency,
G
  He is a foreign man.

cont.

```
   Am          D           G
      He is surrounded by the sound, the sound
       Am           D
   Of   cattle in the marketplace,
   G                            Am
      Scatterlings and orphanages.
   D            G
      He looks around, around,
          Am           D
   He sees angels in the architecture
   G
   Spinning in infinity,
          Am           D
   He says, "Amen! and Halleluiah!"
```

Chorus 3

```
   G              D
   If you'll be my bodyguard
   Am           D      G    D  Am  D
   I can be your long lost  pal.
   G            D
   I can call you Betty
       Am              D
   And Betty when you call me
           G   D   Am  D
   You can call me Al.
```

Coda

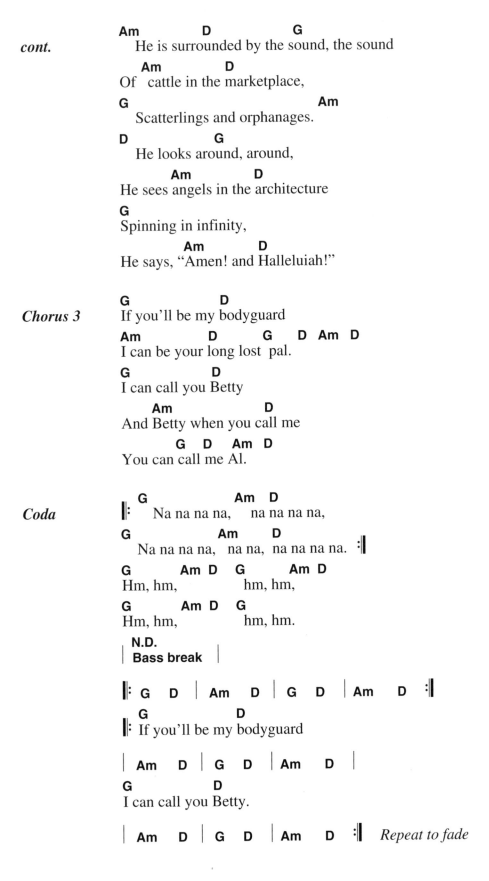

```
     G               Am   D
  ‖:    Na na na na,    na na na na,
   G            Am      D
      Na na na na,  na na,  na na na na.  :‖
   G        Am  D  G       Am  D
   Hm, hm,         hm, hm,
   G        Am  D  G
   Hm, hm,         hm, hm.
     N.D.
   │ Bass break   │

  ‖: G   D  │ Am    D │ G   D  │ Am    D :‖
     G              D
  ‖: If you'll be my bodyguard

   │ Am    D │ G   D │ Am    D │
   G              D
   I can call you Betty.

   │ Am    D │ G   D │ Am    D :‖   Repeat to fade
```

Walk Of Life

Words & Music by
Mark Knopfler

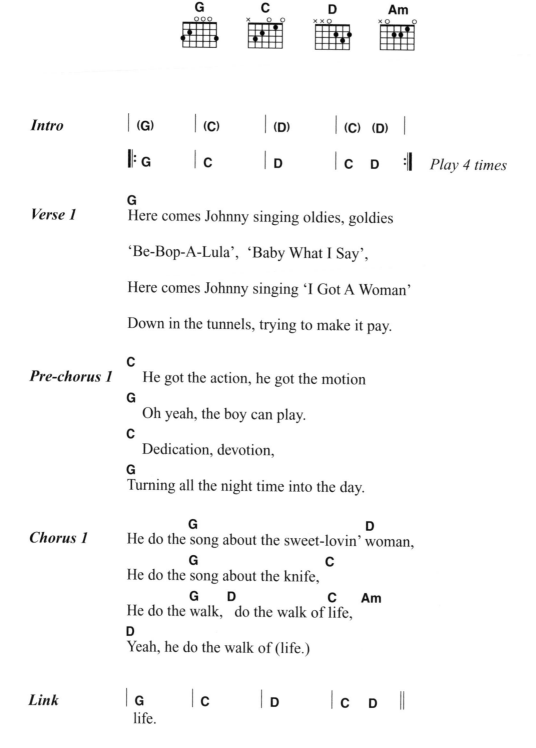

Intro | (G) | (C) | (D) | (C) (D) |

‖: G | C | D | C D :‖ *Play 4 times*

Verse 1

G
Here comes Johnny singing oldies, goldies

'Be-Bop-A-Lula', 'Baby What I Say',

Here comes Johnny singing 'I Got A Woman'

Down in the tunnels, trying to make it pay.

Pre-chorus 1

C
  He got the action, he got the motion
G
  Oh yeah, the boy can play.
C
  Dedication, devotion,
G
Turning all the night time into the day.

Chorus 1

          G   D
He do the song about the sweet-lovin' woman,
          G   C
He do the song about the knife,
          G   D   C   Am
He do the walk,   do the walk of life,
D
Yeah, he do the walk of (life.)

Link | G | C | D | C D ‖
life.

Verse 2

G
Here comes Johnny and he'll tell you the story,

Hand me down my walkin' shoes,

Here come Johnny with the power and the glory,

Backbeat, the talkin' blues.

Pre-chorus 2

C
He got the action, he got the motion,
G
Yeah the boy can play.
C
Dedication, devotion,
G
Turning all the night time into the day.

Chorus 2

        G   D
He do the song about the sweet-lovin' woman,
        G   C
He do the song about the knife,
        G   D   C   Am
He do the walk,   do the walk of life,
D
Yeah, he do the walk of (life.)

Link

‖: G | C | D | C D :‖
life.

Verse 3   As Verse 1

Pre-chorus 3   As Pre-chorus 1

Chorus 3

        G   D
And after all the violence and double-talk,
        G   C
There's just a song in all the trouble and the strife.
        G   D   C   Am
You do the walk, yeah you do the walk of life,
D
Hmm, you do the walk of (life.)

Coda

‖: G | C | D | C D :‖ *Repeat to fade*
life.

Waterloo

Words & Music by
Benny Andersson, Bjorn Ulvaeus & Stig Anderson

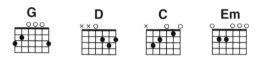

Capo fifth fret

Intro | G | G | G | G ||

Verse 1

      G   D   C   D
My, my, at Waterloo Napoleon did surrender,
      G   D   C   D   Em
Oh yeah, and I have met my dest-i-ny in quite a similar way.

The history book on the shelf
Em   **D**
Is always repeating itself. _____

Chorus 1

      G   C
Waterloo, I was defeated, you won the war.
      D   G   D
Waterloo, promise to love you for evermore.
      G   C
Waterloo, couldn't escape if I wanted to.
      D   G
Waterloo, knowing my fate is to be with you.
                       D   G
Wa, Wa, Wa, Wa, Waterloo, finally facing my Waterloo.

| G | G | G ||

Verse 2

      G   D   C   D
My, my, I tried to hold you back but you were stronger,
      G   D   C   D   Em
Oh yeah, and now it seems my only   chance is givin' up the fight.

And how could I ever refuse?
Em   **D**
I feel like I win when I lose. _____

Chorus 2

G   C
Waterloo, I was defeated, you won the war.

D   G   D
Waterloo, promise to love you for evermore.

G   C
Waterloo, couldn't escape if I wanted to.

D   G
Waterloo, knowing my fate is to be with you.

D   G
Wa, Wa, Wa, Wa, Waterloo, finally facing my Waterloo.

Link

Em
So how could I ever refuse?

                        D
I feel like I win when I lose.

Outro

G   C
Waterloo, couldn't escape if I wanted to.

D   G
Waterloo, knowing my fate is to be with you.

                              D   G
𝄆 Wa, Wa, Wa, Wa, Waterloo, finally facing my Waterloo.

                             D
Wa, Wa, Wa, Wa, Waterloo,

                            G
Knowing my fate is to be with you. 𝄇 *Repeat to fade*

What's Up

Words & Music by
Linda Perry

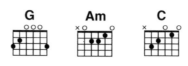

Capo second fret

Intro |G |Am |C   G |G |Am |C |G |

Verse 1
G
   25 years and my life and still
  Am   C
I'm trying to get up that great big hill of hope
        G
For a destination.

And I realised quickly when I knew I should
       Am
That the world was made up of this
        C
Brotherhood of man,
         G
For whatever that means.

Pre-chorus 1
             G
And so I cry sometimes when I'm lying in bed
       Am
Just to get it all out, what's in my head
    C   G
And I,   I am feeling a little peculiar.

And so I wake in the morning and I step
        Am
Outside and I take a deep breath

And I get real high
     C
And I   scream from the top of my lungs,
        G
"What's goin' on?"

Chorus 1

          G
And I say, "Hey, yeah, yeah, yeah,

Am
Hey, yeah, yeah."

      C   **G**
I said "Hey, what's goin' on?"

          G
And I say, "Hey, yeah, yeah, yeah,

Am
Hey, yeah, yeah."

      C   **G**
I said "Hey, what's goin' on?"

Link 1   ‖: G | Am | C | G   :‖

Verse 2

      G   **Am**
And I try, oh my God do I try,

        C
I try all the time

        G
In this institution.

             Am
And I pray, oh my God do I pray,

          C
I pray every single day

        G
For a revolution.

Pre-chorus 2   As Pre-chorus 1

Chorus 2   As Chorus 1

Link 2 | G | Am | C | G |

Outro

G
   25 years and my life is still,

      Am   **C**
I'm trying to get up that great big hill of hope

      C **G**
For a destination.

Wonderful Tonight

Words & Music by
Eric Clapton

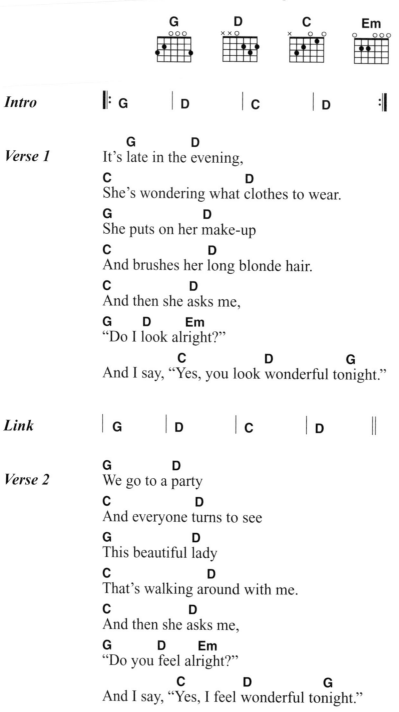

Intro

‖: G | D | C | D :‖

Verse 1

G   D
It's late in the evening,

C   D
She's wondering what clothes to wear.

G   D
She puts on her make-up

C   D
And brushes her long blonde hair.

C   D
And then she asks me,

G D Em
"Do I look alright?"

       C   D   G
And I say, "Yes, you look wonderful tonight."

Link

| G | D | C | D ‖

Verse 2

G   D
We go to a party

C   D
And everyone turns to see

G   D
This beautiful lady

C   D
That's walking around with me.

C   D
And then she asks me,

G D Em
"Do you feel alright?"

      C   D   G
And I say, "Yes, I feel wonderful tonight."

Bridge

        C   D
I feel wonderful because I see

         G   D   Em
The love-light in your eyes,

            C   D
And the wonder of it all

            C   D   G
Is that you just don't realise how much I love you.

Link   ‖: G | D | C | D   :‖

Verse 3

       G   D
It's time to go home now

       C   D
And I've got an aching head,

       G   D
So I give her the car keys,

       C   D
She helps me to bed.

       C   D
And then I tell her

       G   D   Em
As I turn out the light,

            C   D   G   D   Em D
I say, 'My darling, you were wonderful tonight.

          C   D   G
Oh my darling, you were wonderful tonight.'

Coda   ‖: G | D | C | D   :‖ G   ‖

You're Still The One

Words & Music by
Shania Twain & R.J. Lange

Capo fifth fret

Intro | G | G | C | D ||

Verse 1

G
   Looks like we made it,
C   D
Look how far we've come my baby,
G
   We might have took the long way,
C   D
   We knew we'd get there some day.
G   C   D
   They said, I bet they'll never make it,
            G   C   D
But just look at us holding on.
                  G   C   D   C
We're still together, still going strong.

Chorus 1

G   C
   You're still the one I run to,
Am   D
   The one that I belong to.
G   C   D   C
   You're still the one I want for life.
G   C
   You're still the one that I love,
Am   D
   The only one I dream of.
G   C   D
   You're still the one I kiss goodnight.

Verse 2

G
   Ain't nothing better,

C   D
  We beat the odds together.

G
   I'm glad we didn't listen,

C   D
Look at what we would be missing.

G   C   D
   They said, I bet they'll never make it,

          G   C   D
But just look at us holding on.

                  G   C   D
We're still together, still going strong.

Chorus 2

G   C
   You're still the one I run to,

Am   D
  The one that I belong to.

G   C   D   C
   You're still the one I want for life.

G   C
   You're still the one that I love,

Am   D
  The only one I dream of.

G   C   D
   You're still the one I kiss goodnight.

You're still the one.

Instrumental ‖: G | C | D | D   :‖

Chorus 3

G   C
   You're still the one I run to,

Am   D
  The one that I belong to.

G   C   D   C
   You're still the one I want for life.

G   C
   You're still the one that I love,

Am   D
  The only one I dream of.

G   C   D
   You're still the one I kiss goodnight.

G
   I'm so glad we made it,

C   D
Look how far we've come baby.

Relative Tuning

The guitar can be tuned with the aid of pitch pipes or dedicated electronic guitar tuners which are available through your local music dealer. If you do not have a tuning device, you can use relative tuning. Estimate the pitch of the 6th string as near as possible to E or at least a comfortable pitch (not too high, as you might break other strings in tuning up). Then, while checking the various positions on the diagram, place a finger from your left hand on the:

5th fret of the E or 6th string and **tune the open A** (or 5th string) to the note (A)

5th fret of the A or 5th string and **tune the open D** (or 4th string) to the note (D)

5th fret of the D or 4th string and **tune the open G** (or 3rd string) to the note (G)

4th fret of the G or 3rd string and **tune the open B** (or 2nd string) to the note (B)

5th fret of the B or 2nd string and **tune the open E** (or 1st string) to the note (E)

E	A	D	G	B	E
or	or	or	or	or	or
6th	5th	4th	3rd	2nd	1st

Head

Nut

1st Fret

2nd Fret

3rd Fret

4th Fret

5th Fret

Reading Chord Boxes

Chord boxes are diagrams of the guitar neck viewed head upwards, face on as illustrated. The top horizontal line is the nut, unless a higher fret number is indicated, the others are the frets.

The vertical lines are the strings, starting from E (or 6th) on the left to E (or 1st) on the right.

The black dots indicate where to place your fingers.

Strings marked with an O are played open, not fretted. Strings marked with an X should not be played.

The curved bracket indicates a 'barre' - hold down the strings under the bracket with your first finger, using your other fingers to fret the remaining notes.

128

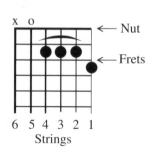

X   O

← Nut

← Frets

6 5 4 3 2 1
Strings

Printed in Malta
5 6 7 8 9
12/10(176730)